KB268979

쉽게 풀어 쓴
십계명

조종남 지음

신교횃불

An Exposition of
the Ten Commandments

by Chongnahm(John) Cho, M.Div., Ph.D.,H.L.D., D.D.

Mission Torch

십계명

제 일은, 너는 나 외에는 다른 신들을 네게 있게 말지
니라.

제 이는, 너를 위하여 새긴 우상을 만들지 말고, 또
위로 하늘에 있는 것이나, 아래로 땅에 있는
것이나, 땅 아래 물 속에 있는 것의 아무 형
상이든지 만들지 말며, 그것들에게 절하지
말며, 그것들을 섬기지 말라.

제 삼은, 너는 너의 하나님 여호와의 이름을 망령되
이 일컫지 말라.

제 사는, 안식일을 기억하여 거룩히 지키라.

제 오는, 네 부모를 공경하라.

제 육은, 살인하지 말지니라.

제 칠은, 간음하지 말지니라.

제 팔은, 도적질하지 말지니라.

제 구는, 네 이웃에 대하여 거짓 증거하지 말지니라.

제 십은, 네 이웃의 집을 탐내지 말지니라.

우리가 알다시피 십계명은 주기도문, 사도신경과 함께 그리스도인의 생활을 인도하는 중요한 지침의 하나입니다.

하나님께서는 이스라엘 사람들을 애굽 땅과 종 되었던 집에서 구원해 내셨습니다. 이는 놀라운 구원 사건이었습니다.

그렇다면 구원받은 그들은 하나님 앞에서 전과는 구분된 생활을 하여야 할 것이 아니겠습니까? 이에 하나님께서 그들에게 하나님의 백성으로서 걸어가야 할 윤리적 지침을 주신 것입니다. 하나님은 거룩한 분이시기 때문입니다.

노예로 살았던 이스라엘 사람들은 그곳에서 여러 신들을 섬기는 생활이 몸에 배어 있었을 것입니다(출 32:1-6). 부모와 이웃에 대한 개념, 또는 물건이나 이웃의 아내에 대한 윤리적 규준도 분명치 않았을 것입니다. 그리하여 툭하면 다투고 싸웠을 것입니다(출 2:13-14). 그러나 하나님의 백성이 된 자들은 그런 잘못된 생활과 습관을 계속하여서는 안 되는 것입니다. 거룩한 하나님과의 관계를 유지하기 위해 그들에게는 새로운 윤리규정이 필요하였습니다. 그래서 하나님께서 모세를 통하여 십계명을 주신 것입니다.

그렇다면 오늘날에 있어서도 마찬가지로 새롭게 그리스도인이 된 신자들은 과거의 잘못된 생활과 습관에서 벗어나 새로운 삶을 살아야 하지 않겠습니까? 바로 십계명은 신자가 걸어가야 할 중요한 안내자의 역할을 하고 있습니다. 십계명은 하나님의 거룩하심의 표준을 보여줌과 함께, 하나님이 용납하시지 않는 것들, 곧 불의를 지적하며 또한 하나님의 뜻을 가르쳐 주고 있습니다. 하나님의 뜻에 따라 살고자 하는 신자들에게 큰 도움을 주고 있는 것입니다.

특히 신자들이 믿음과 삶이 격리되어 있다는 비난을 듣고 있는 오늘날에, 십계명이 주어진 그 때의 상황에서 본 뜻을 살피며 그것이 오늘의 상황에서 어떻게 적용될 것인가를 살피는 것은 매우 중요하다고 생각됩니다.

그리하여 제가 학교법인 명지학원 금요예배에서 직원들과 함께 십계명에 대한 공부를 했던 강의 내용을 이렇게 한권의 책으로 엮게 되었습니다. 이 책이 거룩한 하나님 앞에서 걸어가는 성도들의 신앙생활에 좋은 도움이 되기를 바랍니다.

끝으로 십계명을 함께 공부한 명지학원 동료직원들과, 늘 저의 사역을 격려하여 주신 이사장 유영구 장로님, 그리고 원고 정리를 도와준 김희창 박사와 출판을 맡아 주신 선교횃불께 감사를 드립니다.

2005년 6월 10일 조 종 남

목 차

십계명 개요

나는 너를 애굽 땅, 종 되었던 집에서
인도하여 낸 너의 하나님 여호와로라

십계명 개요

1. 들어가는 말

출애굽 후 시내산에 오른 모세에게 하나님은 이스라엘의 영원한 율법인 십계명을 내려 주시었습니다. 구약성서에서는 출애굽기 20:2-17, 신명기 5:6-21, 이렇게 두 곳에 십계명이 기록되어 있습니다. 두 가지가 세부적으로 사소한 차이는 있으나, 그렇다고 서로 다른 것으로 볼 것이 아니라 똑같은 십계명의 두 개의 역본으로 보아야 할 것입니다.

십계명은 처음에 두 장의 석판(石板)에 기록되어 있었습니다(출 20:1, 19, 31:18, 32:15, 34:28). 그래서 십계명은 '언약의 돌판'(신 9:9), '언약'(신 4:13), '언약의 비석'(히

9:4) 으로 불리었습니다.

이스라엘 사람들은 이것을 성전의 지성소 안에 있는 언약 궤(The ark of covenant)에 보관하여 왔습니다(신 10:5, 왕상 8:9). 그 법궤 안에는 만나를 담은 금 항아리(출 16:33,34), 아론의 싹 난 지팡이(민 17:10) 그리고 언약의 비석(신 10:5, 왕상 8:9)이 있었습니다.

두 개의 석판에 기록되었던 십계명의 내용이 어떻게 분류되어 있는지에 대하여는 몇 가지의 주장이 있습니다.

유대인과 요세푸스(Josephus)는 십계명을 5개 계명씩 둘로 나누어, 전자는 경건(Piety)에 관한 것이요, 두 번째 5개 계명은 사회 정의(Justice)에 관한 것이라고 합니다.

또 루터교파와 천주교에서는 처음 3개 계명이 첫째 판에 있고, 나머지 7계명이 둘째 판에 기록되어, 첫째는 하나님에 관한 것이요, 두 번째는 인간 생활에 관한 것이라고 합니다.

한편, 그리스정교회와 개혁교단(Greek and Reformed Churches)은 첫째 판에 처음 4개 계명이 있고, 다음에 나머지 6개 계명이 있다고 합니다.

그러나 우리의 관심은 그런 것에 있는 것이 아니라, 십계명의 내용과 그것이 우리에게 주는 교훈에 있습니다.

2. 십계명의 내용

십계명은 단순한 윤리 도덕이라든가 생활신조 또는 단순한 하나의 법률이 아닙니다. 십계명은 하나님과 이스라엘 백성 사이의 독특한 관계, 즉 언약(계약) 관계를 근거로 합니다. 그 언약에 기초하여 행하신 하나님의 구원의 역사, 곧 출애굽 사건을 전제로 하고 있다는 데 십계명의 중요한 특색이 있습니다.

십계명의 서문으로서 출애굽기 20:2과 신명기 5:6에 기록되어 있는 "나는 너를 애굽 땅, 종 되었던 집에서 인도하여 낸 너의 하나님 여호와로라"는 부분이 각 명령의 근저로 되어 있습니다.

십계명은 구원의 조건이나 방법을 제시하는 것이 아니라, 이미 구원받은 하나님의 백성, 그리고 구속받은 공동체가 지켜야할 원칙과 규범을 하나님이 주신 것입니다. 십계명은 하나님의 백성으로 하나님의 나라 계획에서 하나님의 백성이 과연 어떤 사람들이 되어야 하겠는가를 규정한 것입니다.

그러므로 출애굽기 20:2에 기록되어 있는 것처럼, 하나님께서는 십계명을 주실 때, 서언에 "나는 너희를 애굽 땅,

종 되었던 집에서 인도하여 낸 너의 하나님 여호와로라"로 시작하셨고, 이는 계명을 전달할 때마다 다시 반복되었습니다.

십계명의 내용을 살펴보면, 거기에 있는 도덕적 계명들은 하나님께 대한 신앙과 밀접한 관계를 유지하고 있습니다. 따라서 계명을 위반하는 것, 곧 죄는 우상숭배의 한 형태로 이해되어 하나님과의 관계의 단절로 이해되고 있습니다.

십계명의 구성을 보면, 세 그룹으로 되어있습니다. 제 1부, 곧 첫째, 제 1, 2, 3, 4계명은 하나님을 사랑하고 예배하는 일에 관하여 언급하고 있습니다. 그리고 인간에 관한 여러 임무를 언급하고 있는 제 2부, 곧 5, 6, 7계명에서는 다른 사람, 곧 생명과의 관계를 규정하고 있습니다. 또한 제 3부인 제 8, 9, 10계명은 물질세계와의 관계를 규정하고 있습니다.

구약 성서를 보면, 십계명의 각 계명을 세부적으로 발전시켜 적용시킨 규례도 있습니다. 출애굽기 21장-23장, 신명기 12장-26장에 있는 규례들이 그 예입니다. 그러나 분명한 것은 이런 모든 율법의 기초를 이루고 있는 것은 십계명이라는 것입니다(박준서, 『십계명 바로보기』, 한들출판사, 2001, p. 20).

3. 십계명의 현대적 의의

위에서 언급한 대로, 십계명은 애굽 땅에 있던 이스라엘 백성들의 구원의 조건이 아니라, 출애굽이라는 놀라운 하나님의 역사에 의하여 구원받은 백성이 지켜야 할 규례였습니다.

그렇습니다. 십계명이나 구약의 율법이 오늘날 우리들의 구원의 조건은 아닙니다. 사도 바울도 로마서 3:20에서 "율법의 행위로 그의 앞에 의롭다하심을 얻을 육체가 없나니"라고 기록하였고, 로마서 8:1-2과 갈라디아서 5:1에서는 '그리스도인은 이미 율법 아래 있지 않다' 고 하였습니다.

그러나 우리가 기억하여야 할 것은, 이와 같이 바울이 말한 그 율법은 의식적인 율법(ceremonial law)을 말하는 것이지, 구약에 있는 도덕적인 율법(moral law)을 가리키는 것이 아니라는 것입니다. 십계명과 같은 도덕적인 율법은 그리스도인의 삶에 그 현대적 의미가 담겨져 있기 때문입니다.

첫째, 이 도덕적 율법은 하나님께서 요구하시는 거룩에 대한 척도를 부어 주는 것으로, 여전히 중요한 것입니다.

칼빈은 도덕률의 임무와 효용에 대하여 다음과 같이 말하였습니다.

"하나님의 거룩하심(聖)의 표준을 보여줌과 함께 하나님께 받아들여지는 유일한 의를 증시해 주고 있다. 또한 그것은 각 사람에게 자기의 불의를 가르쳐 주고, 자인케 하며, 최후에 악인의 죄를 정죄하는 직무를 가지고 있다. 사람은 이것을 보고 자기의 죄 많음을 깨닫게 된다."(『기독교 강요』, II.)

존 웨슬리도 그의 설교(*Origin, Nature, Properties, and use of the Law*)에서 지적하였듯이, 도덕적 율법은 사람들로 하여금 죄를 깨닫게 하는 역할을 합니다.

둘째, 죄를 깨닫게 함으로 속죄주를 향한 대망을 일으켜 죄인을 그리스도에게로 인도하는 몽학선생의 역할을 합니다.

셋째, 도덕적 율법이 하나님의 뜻을 가르쳐 줌으로, 신자가 하나님의 뜻을 이해하고 그를 따라 살고자 하는 데 큰 도움을 주는 것입니다.

그러므로 우리는 예수님께서 말씀하셨듯이 율법을 폐하는 것이 아니라 율법의 참뜻을 이해하고 믿음으로 완성하여야 하는 것입니다.

주님께서 마태복음 5:17에서 말씀합니다.

“내가 율법이나 선지자나 폐하러 온 줄로 생각지 말라 폐하러 온 것이 아니요 완전케 하려 함이로라”(마 5:17).

따라서 십계명은 교회의 기본적인 윤리조항의 하나로서 주기도문, 사도신경과 함께 그리스도인의 생활을 인도하는 중요한 지침이 됩니다.

그러므로 우리는 십계명이 주어진 그 때의 상황에서 본 뜻을 살피고, 그것을 오늘 우리의 생활에서 어떻게 적용할 것인가에 대하여 예수님의 교훈과 기독교신학의 입장에서 생각해보고자 합니다.

나 외에는 다른 신들을
네게 있게 말지니라

출애굽기 20:1-3

하나님이 이 모든 말씀으로 일러 가라사대 나는 너를 애굽 땅
종 되었던 집에서 인도하여 낸 너의 하나님 여호와로라 너는
나 외에는 다른 신들을 네게 있게 말지니라

나 외에는 다른 신들을
네게 있게 말지니라

,첫 계명은 우리 신자들이 드릴 예배의 대상에 대하여 가르치고 있습니다. 하나님은 오로지 하나님 당신만을 섬길 것을 명령하고 계십니다. 주기도문에서 그랬듯이, 십계명에서도 그 순서가 중요한데, 이 계명은 모든 계명의 기초가 되고 있습니다.

1. 하나님만을 섬기며 종교다원주의에 빠지면 안 됩니다.

당시가 다신론적인 신앙의 시대인지라 사람들은 여러 신을 생각하면서 살았습니다. 이에 하나님께서는 다른 신들이 존재한다 하여도 그 신들은 이스라엘에게 그 어떤 의미도 없다고 천명하여 주시는 것입니다. 오로지 그들을 애굽 땅, 종의 멍에에서 구원하여 내신 여호와만이 참 하나님이신 것입니다. 하나님은 우주의 창조주이시며 보존자이시고 역사의 섭리자이기에 생명 있는 모든 존재는 하나님에게 의존하게 되어 있는 것입니다.

따라서 우리는 예배를 오로지 하나님께만 드려야 합니다. 하나님 외에는 어떤 다른 신도 있게 하지 말아야 한다는 것입니다. 즉, 신자는 두 마음을 품으면 안 됩니다.

이 계명은 오늘날 성행하는 종교혼합주의 또는 종교다원주의에 빠지면 안 된다는 것을 명령하고 있다고 보아야 할 것입니다.

2. 하나님은 창조주이시며, 보존자이시며, 우리들의 아버지이십니다.

우리가 오직 하나님만을 경배해야 한다는 것은 다음과 같은 이유에서입니다.

첫찌, 우리 하나님은 우리들의 상태에 관심을 가지시고

우리 안에서도 역사하시는 편재(Omnipresence)의 하나님
이시기 때문입니다.

전능하신 하나님은 우리들의 아버지처럼 나에 대하여 관
심을 가지시고 돌보십니다. 그러므로 주기도문에서 그랬듯
이 우리는 하나님을 향하여 '아버지'라고 부를 수 있는 것
입니다.

사도 바울은 그의 서신 로마서 8:15에서 "너희는 다시 무
서워하는 종의 영을 받지 아니하였고 양자의 영을 받았으
므로 아바 아버지라 부르짖느니라"고 하였습니다.

그렇습니다. 우리는 한 아버지 하나님을 섬기는 자들인
것입니다.

둘째, 하나님은 우리를 다시 받아주시는 사랑의 아버지이
시기 때문입니다.

누가복음 15:11 이하에 나오는 탕자의 비유는 이러한 하
나님의 사랑을 극적으로 설명하고 있습니다. 여기서 집 나
간 탕자를 문 열어 놓고 기다리시는 아버지의 사랑을 볼 수
있습니다. 아버지는 회개하고 돌아온 탕자를 반기며 용납
하였습니다. 그를 위하여 아버지는 큰 잔치를 배설(排設)하
여 자녀로서의 신분을 확인시켜 주셨습니다.

여호와는 자비로우시며 은혜로우시며 노하기를 더디 하시며 인자하심이 풍부하신 하나님이십니다(시 103:8).

시편 기자는 시편 103:9-11에서 다음과 같이 간증하였습니다.

여호와는 "항상 경책지 아니하시며 노를 영원히 품지 아니하시리로다 우리의 죄를 따라 처치하지 아니하시며 우리의 죄악을 따라 갚지 아니하셨으니 이는 하늘이 땅에서 높음 같이 그를 경외하는 자에게 그 인자하심이 크심이로다."

셋째, 응답하시는 하나님이시기 때문입니다.

예수님은 마태복음 7:7에서 우리에게 약속하여 주었습니다. 우리 하나님 아버지께서는 우리가 무엇을 구하면 들으십니다. 찾으면 찾게 하십니다. 문을 두드리면 열리게 하십니다.

성경은 요한일서 5:14에서 약속합니다.

"그를 향하여 우리의 가진 바 담대한 것이 이것이니 그의 뜻대르 무엇을 구하면 들으심이라."

예레미야 29:12-13에서 말씀하신 대로, 하나님께 기도하고 하나님을 찾고 찾으며, 하나님을 믿고 행동하면, 반드시 좋은 것으로 주시는 분이 우리 하나님이십니다.

넷째, 하나님은 전능하시기에 우리의 기도를 들으실 뿐 아니라 실행하실 수 있는 분이시기 때문입니다.

요한복음 14:13-14에서 주님은 말씀하였습니다.

"너희가 내 이름으로 무엇을 구하든지 내가 시행하리니 이는 아버지로 하여금 아들을 인하여 영광을 얻으시게 하려 함이라. 내 이름으로 무엇이든지 내게 구하면 내가 시행하리라."

다섯째, 우리가 믿어야 할 하나님은 창조주 하나님이시기 때문입니다.

성경은 창세기 1장에서 우주 창조에 관하여 자세히 설명하고 있습니다. 창세기 1장 히브리어 원문에는 '창조' 의 뜻인 '바라' 라고 하는 단어가 동사로 세 번 나옵니다.

1절, "천지를 창조하시니라"에 나오는 '창조' 입니다.

21절, 동물을 "그 종류대로 창조하시니"에 나오는 '창조' 입니다.

그리고 27절, "하나님의 형상대로 사람을 창조하시되"에서의 '창조' 입니다.

먼저, 1절에서 보이는 첫 번째의 창조는 무(無)에서 유(有)로의 비약입니다.

21절에 나오는 두 번째 창조는 무기체에서 유기체로의 비약입니다.

27절의 세 번째 창조는 유기체에서 인격체로의 비약입니다.

그런데 진화론에서 설명하지 못하는 이 세 단계의 비약에 대하여 성경은 이미 '바라' 라는 말을 쓰고 있는 것입니다. '바라' 라는 말은 바로 '창조하다(create)' 라는 뜻입니다. 이것은 무에서 유를 낳는 '창조' 입니다.

창세기 1장에는 또한 '만든다' 는 뜻의 '아샤' 라는 말이 쓰이고 있습니다. 이는 '만들다(make)' 에 해당하는 말입니다. 성경을 유념하여 읽어보면 '창조' 라는 말과 '만들다' 라는 말이 구별되어 쓰이고 있음을 알 수 있습니다.

여기 '창조' 라는 단어는 천지를 지으실 때와 동물을 지으실 때, 그리고 사람을 지으실 때에만 쓰였습니다.

"태초에 하나님이 천지를 창조하시니라"(창 1:1).

이렇게 창세기는 시작합니다. 여기서 '하늘' 과 '땅' 이 지니는 의미는 매우 중요한 것입니다. 히브리 사람들에게 '하늘' 이라는 말은 단순히 푸른 하늘을 가리키는 것이 아닙니다. 보이지 않는 세계(invisible world), 곧 영계(靈界)를 가리킵니다. 이렇듯 하나님께서는 보이지 않는 세계, 천사의 세계, 영의 세계도 창조하셨을 뿐 아니라, 보이는 세계, 물질의 세계도 창조하신 것입니다.

그러므로 생명은 시작이 있고 끝이 있고 심판이 있는 것입니다. 그리고 하나님께서 주관하십니다. 시작이 있고 끝이 있기에 사람에게는 책임이 주어졌습니다. 인간은 책임자로 지음 받았습니다. 목적은 언제나 하나님께 있습니다. 하나님은 창조주시요, 우리는 피조물입니다. 따라서 우리는 하나님만을 예배하고 그 분만을 의지하여야 합니다.

3. 세속에서 하나님 아닌 것에 신적인 위치를 허용해서는 안 됩니다.

이는 또한 종교적인 문제에만 관련되는 것이 아니라 정치, 경제, 문화의 상황에서도 관련되는 계명입니다. 곧 우리는 세속에서 하나님이 아닌 것들이 신적인 위치를 차지하는 경우를 봅니다. 우리는 하나님을 사랑해야지 세상의 것들을 사랑하면 안 됩니다.

성경 요한일서 2:15-16에서 말씀합니다.

"이 세상이나 세상에 있는 것들을 사랑치 말라 누구든지 세상을 사랑하면 아버지의 사랑이 그 속에 있지 아니하니 이는 세상에 있는 모든 것이 육신의 정욕과 안목의 정욕과 이생의 자랑이니 다 아버지께로 좇아 온 것이 아니요 세상으로 좇아 온 것이라."

그러므로 우리는 하나님 아닌 것을 하나님보다 더 사랑하거나, 그것에 종노릇하거나, 그것을 판단의 규준으로 삼아서는 안 됩니다. 오직 우리는 우리의 구원자이신 여호와 하나님만 섬겨야 합니다. 또한 모든 생활에 있어 하나님만이 윤리적 기초가 되어야 합니다.

주 예수님도 마태복음 6:24에서 말씀하였습니다.

"한 사람이 두 주인을 섬기지 못할 것이니 혹 이를 미워하며 저를 사랑하거나 혹 이를 중히 여기며 저를 경히 여김이라 너희가 하나님과 재물을 겸하여 섬기지 못하느니라."

어떠한 우상도
만들지 말고 절하지 말라

출애굽기 20:4-6

너를 위하여 새긴 우상을 만들지 말고 또 위로 하늘에 있는 것이나
아래로 땅에 있는 것이나 땅 아래 물속에 있는 것의 아무 형상이든지
만들지 말며 그것들에게 절하지 말며 그것들을 섬기지 말라
나 여호와 너의 하나님은 질투하는 하나님인즉 나를 미워하는 자의 죄를
갚되 아비로부터 아들에게로 삼사 대까지 이르게 하거니와
나를 사랑하고 내 계명을 지키는 자에게는 천대까지 은혜를 베푸느니라

어떠한 우상도
만들지 말고 절하지 말라

십계명의 첫 부분은 우리들 신도가 예배하여야 할 하나님에 대하여, 그리고 어떻게 우리가 그 하나님을 예배하고 섬겨야 하는가를 가르치고 있습니다.

첫째 계명에서 "여호와 하나님 외에 다른 신을 섬기지 말라"고 함으로 우리가 예배드려야 할 대상을 밝히셨습니다. 둘째 계명에서는 하나님을 예배하는 방법에 대하여 말씀하고 있습니다. 또한 하나님이 주신 선물을 우리가 어떻게 취급할 것인가를 가르치고 있습니다.

그러면 이 계명이 가르치는 적극적인 교훈은 어떤 것이며, 더 나아가 믿는 신자들에게 주는 경고는 무엇인가를 차례로 생각하여 보고자 합니다.

1. 이 계명이 금하는 것이 무엇입니까?

제 2계명에서 "형상을 만들지 말라 그리고 우상을 섬기지 말라"고 한 것은 종교적 예술, 즉 종교적 그림을 그리는 것이나 종교적인 조각을 하는 것 등을 금하는 것이 아닙니다. 성경을 보면 형상들을 수단으로 사용한 예들을 볼 수 있습니다. 모세가 놋뱀을 만들어 사용한 것이나 솔로몬이 지은 성전 등이 그러한 예입니다.

이 계명이 금하는 것은 바로 피조물을 우상으로 만들지 말라는 것입니다. 신령한 하나님을 물적 형상으로 만드는 것을 금지한 것입니다. 곧 피조물은 피조물일 뿐이기에 그를 신격화하는 것은 어리석을 뿐 아니라 그렇게 해서는 안 된다는 것입니다.

그런데 사람들은 보이지 않는 존재인 신을 신뢰하는 것만으로는 왠지 불안하기에 무엇인가 눈에 보이는 것에 의지하려는 경향이 있습니다. 그래서 피조물을 우상으로 만들어 섬깁니다. 더구나 하나님에 의하여 놀라운 구원을 체험한 이스라엘 백성이 그러한 어리석은 일을 행하였던 것입니다.

출애굽기 32장을 보면, 모세가 시내산에 올라가 내려오는 일이 지연되자 불안해진 백성들은 금송아지를 만들었습니다. 그리고 금송아지를 향하여 "이는 너희를 애굽 땅에서 인도하여 낸 너희 신이로다"고 하며 그것을 예배하였던 것입니다(출 32:4).

그 후에 여로보암 왕이 사마리아에서 임의로 벧엘과 단이란 곳에 금송아지를 만들어 놓고 여호와라고 하며 섬긴 일이 있었습니다(왕상 12:28-29). 이러한 일들에 대하여 하나님은 노하셨습니다.

오늘날에도 얼마나 많은 사람들이 불상, 부적, 돼지머리 같은 것을 놓고는 그것들에 절을 하고 기원을 합니까? 이런 것은 어리석은 일입니다. 왜냐하면 그런 물건(우상)은 죽은 것이며 힘이 없기 때문입니다. 하나님은 우상을 만드는 것을 금하셨습니다.

한편 우리들의 사회생활 속에서 돈 또는 권세 같은 수단이 목적이 될 때가 있습니다. 이는 정신적인 우상입니다. 이역시 어리석은 일입니다.

제가 읽은 우화 하나가 기억납니다. 아브라함의 아버지가 우상을 만들어 파는 장사를 하고 있었습니다. 창고에는 그가 만든 우상이 가득히 있었습니다. 하루는 아브라함이 화가 나서 그 창고에 들어가서 큰 몽둥이로 모든 우상을 파괴하여 버렸습니다. 그리고서는 그 큰 몽둥이를 제일 큰 우상의 팔에다 걸어 놓았습니다. 그것을 본 아버지가 야단을 치면서 "누가 이런 일을 했느냐?"고 아브라함에게 물었습니다. 그 때 아브라함은 바로 "그 큰 우상이 그랬습니다."고 대답을 했습니다. 그랬더니 아버지가 하는 말이, "야! 그 우상은 내가 만든 것이야. 그 우상이 무슨 힘이 있니?"하며 스스로 우상에 힘이 없음을 인정하였다는 이야기입니다.

그럼에도 불구하고 오늘날 많은 사람들이 우상을 만드는 우를 범하곤 합니다. 그래서 하나님이 이 계명을 주신 것입니다.

2. 하나님은 영이시니 신령과 진정으로 예배하여야 합니다.

교회에도 많은 상징적인 그림이나 조각들이 있습니다. 그러나 우리는 그러한 것들을 하나의 상징으로 이해하여야지, 숭배의 대상으로 삼아서는 안 됩니다. 우리는 하나님을 나타내는 그 어떤 형상도 만들 수 없는 것입니다.

하나님은 초월적이며 동시에 내재적인 하나님이십니다. 하나님은 살아계셔서 역사하시는 영이시기에 주체와 주체의 만남에서만 이해될 수 있는 분이십니다. 이는 신학자 부버가 말했던 것처럼, 'I-Thou(나와 존경스런 당신)' 관계에서만 이해될 수 있는 것입니다. 그러한 하나님이 단지 어떤 고정된 물체로 개체화된다면, 이는 'I-It(나와 물질적인 그것)' 관계로 변하며, 그러한 관계에서는 하나님의 본성을 온전히 표현할 수가 없게 됩니다. 그리하여 하나님은 당신을 나타내는 그 어떤 형상도 만드는 것을 금지하신 것입니다.

하나님은 영이시기에 눈에 보이는 것이 하나님을 대신할 수 없습니다. 사도행전 17:29에 말씀하시기를 "신을 금이나 은이나 돌에다 사람의 기술과 고안으로 새긴 것들과 같이 여길 것이 아니니라"고 하였습니다.

그러므로 우리는 신령과 진정으로 하나님을 예배하여야 합니다. 주님은 요한복음 4:24에서 말씀하시기를 "하나님은 영이시니 신령과 진정으로 예배할지니라"고 하셨습니다.

이것이 이 계명의 적극적 교훈입니다. 따라서 우리는 교회에 나가 앉아 있는 것도 중요하지만 진정한 마음으로 예배하여야 합니다. 그렇다고 교회 예배의 중요성을 경시하는 것은 결코 아닙니다. 교회에 출석하는 것은 대단히 귀중합니다.

3. 교회에 나가 하나님께 예배드려야 합니다.

하나님은 무소부재하신 분이기에 어디에나 계십니다. 그러나 구약성서를 보면 여호와께서는 당신이 정하신 곳, 곧 성전이나 번제나 화목제를 드리기 위해 건축한 토단에 각별한 방법으로 임재하시겠다고 약속을 하였습니다.

여호와께서 열왕기상 9:3에서 다음과 같이 말씀하셨습니다.

"내가 너의 건축한 이 전을 거룩하게 구별하여 나의 이름을 영영히 그곳에 두며 나의 눈과 나의 마음이 항상 거기 있으리니."

출애굽기 20:24에서도 말씀하였습니다.

"내게 토단을 쌓고 그 위에 너의 양과 소로 너의 번제와 화목제를 드리라 내가 무릇 내 이름을 기념하게 하는 곳에서 네게 강림하여 복을 주리라."

그러므로 성전을 소중히 여기며 정하신 규례대로 그곳에 나가야 합니다. 옛날 성막이 귀한 것이었듯이 오늘의 교회도 소중히 여겨야 합니다. 또 교회에 출석하는 일을 소중히 여겨야 합니다.

주님께서 마태복음 18:20에서 약속하셨습니다.

"두세 사람이 내 이름으로 모인 곳에는 나도 그들 중에 있느니라."

이 말은 주님께서 성도들이 모이는 곳, 곧 교회에 각별히 임재하시겠다는 뜻입니다. 그러므로 교회는 중요한 의미를 갖습니다. 그러기에 교회에 나가서 신령과 진정으로 예배를 드려야 합니다.

성경 히브리서 10:25에서 권합니다.

"모이기를 폐하는 어떤 사람들의 습관과 같이 하지 말고 오직 권하여 그 날이 가까움을 볼수록 더욱 그리하자."

교회에서의 예배는 말씀 선포하시는 하나님이 펼치시는 드라마이기 때문입니다.

말씀을 맺겠습니다.

여호와 하나님은 이 계명을 주시면서 출애굽기 20:5b-6 에서 다음과 같이 말씀을 계속하십니다.

"나 여호와 너의 하나님은 질투하는 하나님인즉 나를 미워하는 자의 죄를 갚되 아비로부터 아들에게로 삼사 대까지 이르게 하거니와 나를 사랑하고 내 계명을 지키는 자에게는 천 대까지 은혜를 베푸느니라."

이 말씀은 여호와 하나님은 질투하는 하나님이라는 것입

니다. 여기서 우리는 시기(envy)와 질투(jealousy)는 다르다는 점에 주의하여야 합니다. 시기는 자기보다 나은 사람을 싫어하는 것입니다. 그러나 질투는 짙은 사랑의 이면입니다. 남편이 아내가 자기에 대한 사랑을 안 받을 때 질투하듯이, 하나님의 질투는 하나님의 지극한 사랑의 이면입니다. 그리하여 성경은 하나님을 질투하시는 하나님이라고 했고, 또한 히브리서 12:29에서는 우리 하나님을 소멸하는 불이라고 했습니다(살후 1:8 참고).

그러므로 우리는 조심하여야 합니다. 하나님이 주신 선물을 하나님보다 더 사랑해서는 안 됩니다. 피조물이 사랑과 예배의 대상이 되어서는 안 됩니다. 우리의 예배의 대상은 영이신 하나님, 모든 물질을 주신 하나님이심을 잊어서는 안 됩니다. 또한 나의 죄로 인하여 많은 다른 사람들이 그 영향을 받을 수 있음을 잊어서는 안 됩니다.

여호와의 이름을 망령되이 일컫지 말라

출애굽기 20:7

너는 너의 하나님 여호와의 이름을 망령되이 일컫지 말라
나 여호와는 나의 이름을 망령되이 일컫는 자를
죄 없다 하지 아니하리라

여호와의 이름을 망령되이 일컫지 말라

본문 출애굽기 20:7을 주의하여 읽어 보겠습니다.

"너는 너의 하나님 여호와의 이름을 망령되이 일컫지 말라 나 여호와는 나의 이름을 망령되이 일컫는 자를 죄 없다 하지 아니하리라."

마태복음 6:5-10을 역시 함께 읽어가겠습니다.

"또 너희가 기도할 때에 외식하는 자와 같이 되지 말라 저희는 사람에게 보이려고 회당과 큰 거리 어귀에 서서 기도하기를 좋아하느니라 내가 진실로 너희에게 이르노니 저희는 자기 상을 이미 받았느니라 너는 기도할 때에 네 골방에 들어가 문을 닫고 은밀한 중에 계신 네 아버지께 기도하라 은밀한 중에 보시는 네 아버지께서 갚으시리라 또 기도

할 대에 이방인과 같이 중언부언하지 말라 저희는 말을 많이 하여야 들으실 줄 생각하느니라 그러므로 저희를 본받지 말라 구하기 전에 너희에게 있어야 할 것을 하나님 너희 아버지께서 아시느니라 그러므로 너희는 이렇게 기도하라 하늘에 계신 우리 아버지여 이름이 거룩히 여김을 받으시오며 나라이 임하옵시며 뜻이 하늘에서 이룬 것같이 땅에서도 이루어지이다.”

우리가 믿고 있는 십계명은 아주 체계적입니다.

우선 십계명 중 제 1계명에서 3계명까지는 하나님을 향해 신자가 가져야 하는 자세, 태도, 그리고 의무에 대하여 말씀하고 있습니다.

제 1계명에서 여호와 하나님만이 유일한 신(하나님)인 것을 전제하고, 제 2계명에서는 하나님을 어떻게 예배하여야 하는가, 곧 우상을 섬기지 말고 ‘신령과 진정’으로 예배할 것임을 명하였습니다. 그리고 제 3계명에서는 하나님을 경외할 것을 명하고 있습니다. 곧 “너의 하나님 여호와의 이름을 망령되이 일컫지 말라”는 것입니다.

우리는 하나님을 경외하되 말을 조심하여 해야 할 것입니다. 사람의 혀는 참으로 길들이기 어려운 지체이기에, 야고

보서 3:8에는 "혀는 능히 길들일 사람이 없나니 쉬지 아니하는 악이요 죽이는 독이 가득한 것이라"고 기록되어 있습니다.

성경에 등장하는 인물들의 이름에는 각각 어떠한 의미가 담겨 있습니다. 이름은 그 사람의 인격 자체를 말합니다. 예를 들어, 아브라함이 큰 아버지, 열방의 아비라는 뜻이며, 야곱은 발꿈치를 잡은 자, 빼앗는 자라는 뜻이고, 베드로는 반석, 그리고 예수는 자기 백성을 그들의 죄에서 구원할 자라는 의미를 나타내고 있듯이 말입니다.

하나님은 자기를 여호와, 곧 영원 자존자, 스스로 존재하는 영원한 창조주, 전능자라고 하였습니다.

출애굽기 3:15을 읽어 보겠습니다.

"하나님이 또 모세에게 이르시되 너는 이스라엘 자손에게 이같이 이르기를 나를 너희에게 보내신 이는 너희 조상의 하나님 곧 아브라함의 하나님 이삭의 하나님 야곱의 하나님 여호와라 하라 이는 나의 영원한 이름이요 대대로 기억할 나의 표호니라."

그러므로 하나님의 이름을 망령되이 부르면 곧 하나님 자신을 모독하는 것이 됩니다. 그것은 하나님을 경외하는 것이 아닙니다. 우리는 여호와의 이름을 망령되이 부르지 말고 ㅁ·땅한 경외를 표하여야 합니다.

1. 여호와의 이름을 망령되이 일컫는 것은 어떤 것입니까?

1-1. 여호와의 이름을 헛되이 부르지 말라는 것입니다.

한국의 풍속에도 자기 아버지의 이름을 말할 때는 경솔하게 아무렇게나 말하지 않습니다. "○○자 ○○자 ○○자입니다" 하고 정중하게 말합니다. 하물며 창조주이신 하나님의 이름을 가볍게 불러서는 안 될 것입니다.

옛날 유대인들은 성경을 옮겨 기록할 때도 '여호와' 라는 글자가 나오면 붓을 다시 씻고 난 후에 썼다고 합니다. 그리고 여호와를 그대로 부르지 않고 '아도나이(Lord)' 라고 불렀다고 합니다.

그런데 오늘날 하나님의 이름을 잡담하면서 함부로 부르는 사람들이 있습니다. 아무 때나 "야! 하나님도 무심하다." 라고 말한다거나, 미국 사람들의 경우에 "Oh, my God!" 또는 "Jesus Christ!"라고 말하는 것 등이 그러한 예입니다. 또한 하나님에 대하여 비웃듯이 말하는 사람들도 있습니다. 예를 들어, "야, 하나님이 어디 있어? 있으면 나와 보라고 그래! 당장 나를 때리라고 해!"라는 표현 등이 그러합니다.

성도 여러분, 주의하십시오. 하나님은 "나 여호와는 나의 이름을 망령되이 일컫는 자를 죄 없다 하지 아니하리라"고 말씀하십니다.

1-2. 말과 행동의 불일치인 빈 말을 하지 말라는 것입니다.

실제 마음과는 달리 말로만 하나님을 경외한다고 하며 여호와의 이름을 부르는 것을 하지 말아야 합니다. 마음은 딴 곳에 있으면서 입술로만 하나님을 섬긴다고 말하는 것은 곧 하나님의 이름을 망령되이 부르는 것입니다.

기도할 때도 우리는 진심으로 하고 빈 말로 기도하면 안 됩니다. 주님은 마태복음 6:5-8에서 말씀하십니다.

"너희가 기도할 때에 외식하는 자와 같이 되지 말라 저희는 사람에게 보이려고 회당과 큰 거리 어귀에 서서 기도하기를 좋아하느니라 또 기도할 때에 이방인과 같이 중언부언하지 말라 저희는 말을 많이 하여야 들으실 줄 생각하느니라 그러므로 저희를 본받지 말라 구하기 전에 너희에게 있어야 할 것을 하나님 너희 아버지께서 아시느니라."

나는 사람들이 기독교 계통 회사나 학교에 취임할 때에, 하나님의 이름으로 선서를 하는 것을 봅니다. 하지만 과연 그들이 진정한 의미에서 선서를 하는 것인지 의심이 갈 때가 있습니다. 기억하십시오. 하나님은 빈 말로 하나님의 이름을 부르는 것을 죄 없다 하지 않으십니다.

1-3. 여호와의 이름을 오용하지 말라는 것입니다.

마가복음 7:10-12을 보면, 자녀로서 율법에 따라 부모를 공경하고 도와주어야 마땅한데도 때때로 '이 돈, 물건은 고르반, 곧 하나님께 드릴 것이라'고 하면서 그것을 핑계로 부모님께 드리지 않곤 하는 일들에 대하여 예수님이 하신 말씀이 기록되어 있습니다. "하나님은 모든 것을 알고 계시니 고르반이라고 하지 말라"고 말씀하신 것입니다. 사람들의 그러한 태도와 말이 하나님의 이름을 오용하는 것이기 때문이었습니다.

오늘날도 하나님의 일이라는 핑계를 대면서 마땅히 하여야 할 의무를 행하지 않는 사람들이 마치 그 의무를 다한 양 행동하는 경우가 없는지요? 이는 하나님의 이름을 오용하는 죄를 범하는 것입니다.

1-4. 여호와의 이름을 이용하지 말라는 것입니다.

이는 앞의 말씀과 비슷합니다. 가끔 종교계에서 볼 수 있는 예입니다만, 남과 대화할 때, 특히 싸움을 할 때, 분명치도 않으면서 "이것은 하나님이 하라고 하신 거야. 하나님의 뜻이야"하며, 자기의 주장을 관철하기 위해 하나님을 이용하는 경우가 있습니다.

니버(R. Niebuhr)는 이를 종교적인 자만(Religious pride)이라고 하여 죄의 본질 가운데 하나라고 했습니다. 자기주장을 하나님의 뜻이라고 고집하니 어찌합니까?

때때로 사람들은 자기의 증언에 힘을 싣기 위하여 "이에 대해 하나님 앞에서 내가 맹세한다."고 말합니다. 그러나 이는 잘못된 것입니다.

성경은 레위기 19:12에서 "너희는 내 이름으로 거짓 맹세함으로 네 하나님의 이름을 욕되게 하지 말라 나는 여호와니라"라고 말씀하셨습니다.

이에 대하여서도 십계명은 말하기를, "죄 없다 하지 아니하리라"고 하십니다.

2. 여호와의 이름을 망령되이 일컫는 것은 큰 죄입니다.

우리가 여호와의 이름을 망령되이 일컬을 때 하나님께서 죄 없다 하시지 않는다는 것을 기억하십시오.

말라기 2:2을 보겠습니다.

"만군의 여호와가 이르노라 너희가 만일 듣지 아니하며 마음에 두지 아니하여 내 이름을 영화롭게 하지 아니하면 내가 너희에게 저주를 내려 너희의 복을 저주하리라."

또한 신명기 28:58-59에서 말씀하였습니다.

"네가 만일 이 책에 기록한 이 율법의 모든 말씀을 지켜 행하지 아니하고 네 하나님 여호와라 하는 영화롭고 두려운 이름을 경외하지 아니하면 여호와께서 너의 재앙과 네 자손의 재앙을 극렬하게 하시리니 그 재앙이 크고 오래고 그 질병이 중하고 오랠 것이라."

레위기 24:16에서도 하나님의 이름에 대한 주의를 강조하고 있습니다.

"여호와의 이름을 훼방하면 그를 반드시 죽일지니 온 회중이 돌로 그를 칠 것이라 외국인이든지 본토인이든지 여호와의 이름을 훼방하면 그를 죽일지니라."

3. 우리는 하나님의 이름이 거룩히 여김을 받도록 하여야 합니다.

그래서 주님께서 마태복음 6:9에서 우리에게 기도를 가르쳐 주실 때에, 하늘에 계신 아버지 하나님의 이름이 거룩히 여김을 받도록 기도하여 행하라고 교훈하셨습니다. 그러기 위하여 우리는 하나님의 초월성, 위대하심 그리고 거룩하심에 부합되는 언어와 태도로 하나님을 경배하고 경외하여야 합니다.

앞에서 언급했듯이, 우리는 하나님의 이름으로 남을 저주하거나, 자신의 모습을 눈가림하는 위선자가 되어서는 안 됩니다. 진정으로 하나님의 이름이 거룩히 여김을 받게 하기 위해서는 우리의 말이나 행동 가운데서 하나님의 뜻이 이루어지도록 하여야 합니다.

공동번역 성경 이사야 29:23을 보면 "그들 가운데서 나의 손이 이룬 일을 보고 내 이름을 거룩하게 찬양하리라 야곱의 거룩한 이를 신성하게 기리고 이스라엘의 하느님을 두려운 마음으로 공경하리라"고 하셨습니다. 이는 곧 하나님의 역사가 이루어지는 곳에 그의 이름이 거룩히 여김을 받는다는 것을 말씀한 것입니다.

우리는 하나님의 뜻을 따라 생각하고 말하고 행동함으로 하나님의 이름이 거룩히 여김을 받도록 힘써야 하겠습니다. 사도 바울은 로마서 12:1-2에서 간곡하게 신자에 권면하고 있습니다.

"그러므로 형제 여러분, 하느님의 자비가 이토록 크시니

나는 여러분에게 권고합니다. 여러분 자신을 하느님께서 기쁘지 받아 주실 거룩한 산 제물로 바치십시오. 그것이 여러분이 드릴 진정한 예배입니다. 여러분은 이 세상을 본받지 말고 마음을 새롭게 하여 새 사람이 되십시오. 이리하여 무엇이 하느님의 뜻인지, 무엇이 선하고 무엇이 그분 마음에 들며 무엇이 완전한 것인지를 분간하도록 하십시오."(공동번역)

오늘 우리의 연약함을 안고 이렇게 기도하십시다.

주여! 나를 도와주시옵소서!

안식일을 기억하여 거룩히 지키라

출애굽기 20:8-11

안식일을 기억하여 거룩히 지키라 엿새 동안은 힘써 네 모든 일을 행할 것이나 제 칠 일은 너의 하나님 여호와의 안식일인즉 너나 네 아들이나 네 딸이나 네 남종이나 네 여종이나 네 육축이나 네 문 안에 유하는 객이라도 아무 일도 하지 말라 이는 엿새 동안에 나 여호와가 하늘과 땅과 바다와 그 가운데 모든 것을 만들고 제 칠일에 쉬었음이라 그러므로 나 여호와가 안식일을 복되게 하여 그 날을 거룩하게 하였느니라.

신명기 5:12-15

여호와 너의 하나님이 네게 명한 대로 안식일을 지켜 거룩하게 하라 엿새 동안은 힘써 네 모든 일을 행할 것이나 제 칠일은 너의 하나님 여호와의 안식인즉 너나 네 아들이나 네 딸이나 네 남종이나 네 여종이나 네 소나 네 나귀나 네 모든 육축이나 네 문 안에 유하는 객이라도 아무 일도 하지 말고 네 남종이나 네 여종으로 너같이 안식하게 할지니라 너는 기억하라 네가 애굽 땅에서 종이 되었더니 너의 하나님 여호와가 강한 손과 편 팔로 너를 거기서 인도하여 내었나니 그러므로 너의 하나님 여호와가 너를 명하여 안식일을 지키라 하느니라

안식일을 기억하여 거룩히 지키라

하나님은 이 계명에서 우리 인간이 받은 물질과 시간을 사용하여 실제적으로 복을 받는 길을 가르쳐주고 있습니다.

구약 성경 말라기 3:10에 보면, 하나님은 우리 인간에게 주신 물질의 10분의 1을 성별하여 온전히 하나님께 드리라고 교훈하고 있습니다. 곧 십일조의 사상입니다. 그렇게 사는 사람에게 복을 주신다고 약속하셨습니다.

지금 이 제 4계명은 하나님이 우리들에게 주신 시간의 7분의 1을 안식일로 삼아 하나님께 드리라고 하는 명령입니다. 그리하면 우리에게 복되게 하신다는 말씀입니다.

토마스 왓슨 목사는 하나님께서 안식일을 제정하신 이유

를 다음과 같이 설명하고 있습니다(왓슨, 『십계명 해설』, p. 136 ff).

첫째는, 하나님 자신 때문입니다. 우리 인류를 그토록 사랑하시는 하나님은 또한 우리들에게서 예배를 받으시기를 원하십니다. 그리하여 시간 가운데 7분의 1을 정하여 하나님께 바치기를 원하시는 것입니다. 이것은 하나님 자신이 주권자요 광대하신 전능자임을 인정받기를 원하시는 것입니다.

둘째는, 우리 인간의 유익을 위한 것입니다. 인간은 열심히 일을 하고 노동을 하여야 합니다. 이것이 하나님이 원하시는 것입니다. 그러나 동시에 적절한 휴식이 필요합니다. 이는 육체적으로, 그리고 또한 정신적, 영적으로 필요한 것입니다.

특히 당시의 노예나 어려운 사람들에게는 더욱 그랬습니다. 그러기에 '네가 쉼으로 그들도 그리고 부리는 짐승들도 쉬게 하라' 는 것입니다. 그런 점에서 이 계명은 안식의 필요를 충족시키는 계명인 동시에 사회 정의를 위하는 계명이기도 합니다. 그러므로 우리는 감사하게 이 계명을 받아들여 지켜야 합니다.

그러면 이제 어떻게 안식일을 지켜야 하는가가 중요한 과제로 떠오릅니다. 이에 우리는 본문을 읽으며 안식일을 잘 지키도록 힘써야 하겠습니다.

1. 안식일을 기억하라.

본문은 "안식일을 기억하라"고 말씀하십니다. 여기에서는 '기억하라' 는 동사가 주동사입니다.

그런데 무엇을 기억하라(remember)는 말씀입니까? 하나님께서 이와 같이 명하시는 이유가 있습니다. 그 배경으로 두 가지를 말씀하고 계십니다.

1-1. 창조의 질서의 의미를 기억하라는 것입니다.

성경 출애굽기 20:10, 11을 보겠습니다.

10절에서 '제 칠일은 여호와의 안식일이다' 라고 했고, 11절 전체에서는 하나님의 창조 사역의 내용을 요약해주면서 제 칠일의 의미를 확인시켜 주고 있습니다.

곧 하나님도 엿새 동안 활동하시고 제 칠일에 쉬심으로써 이를 구분하였듯이 너도 그렇게 하라는 명령인 동시에, 하나님이 창조주이심을 기억하며 하나님의 창조의 질서를 기억하라는 것입니다.

자금은 하나님의 창조의 질서가 깨어져 있습니다. 그러므로 신자는 그러한 기억을 통하여 창조의 질서가 깨지기 전의 상태를 기억하며, 깨어진 질서의 회복을 소망하며 살아야 합니다.

1-2. 하나님의 크고 놀라운 구원사역을 기억하라는 것입니다.

신명기 5:15을 보면 이를 확실하게 말씀하여 주고 있습니다.

“너는 기억하라 네가 애굽 땅에서 종이 되었더니 너의 하나님 여호와가 강한 손과 편 팔로 너를 거기서 인도하여 내었나니 그러므로 너의 하나님 여호와가 너를 명하여 안식일을 지키라 하느니라.”

이와 같이 제 4계명은 하나님의 그 크고도 놀라운 구원사건을 기억하라는 것입니다. 십계명의 서두에서도 하나님은 백성들에게 다음과 같이 상기시켰습니다. “나는 너를 애굽 땅 종 되었던 집에서 인도하여 낸 너의 하나님 여호와로라”(출 20:2).

1-3. 참 안식을 주신 주님의 구속을 기억하라는 것입니다.

구약의 안식일 사건은 오늘의 구속자이신 예수님의 구속

사건의 예표입니다. 오늘날 우리는 예수님의 십자가와 부활, 그리고 성령 강림으로 우리에게 주시는 하나님의 그 크신 구원 사건을 기억하지 않을 수 없습니다.

그러므로 우리는 안식일에, 하나님이 우리 죄를 용서하시고 하나님의 자녀로 삼으신 일을 기억하여야 합니다. 또한 우리 안에 착한 일을 시작하신 하나님께서 그리스도 예수의 날에 이를 완성하실 때 우리가 참 안식에 들어가게 되는 것을 소망하게 되는 것입니다.

이런 감격적인 기억에서 우리는 그 날을 구별되도록 지키지 않을 수가 없습니다.

1-4. 주의 날을 지키며 은혜를 받아야 합니다.

이런 의미에서 우리는 기독교회가 안식일을 초기의 관례대로 제 칠일에 지키지 않고 첫째 날을 주일로 칭하여 안식일을 지키게 된 것을 이해하게 됩니다.

안식일이 하나님이 행하신 놀라운 창조사건과 구속사건을 기억하는데 그 목적이 있었다면, 당연히 예수님이 부활하신 날을 축복의 날로 생각할 수 있습니다. 요한복음 20장 19절과 26절을 보면, 예수께서 첫째 날에 부활하셨고, 바로 그날에 두 번이나 제자들에게 나타나 보이셨다는 것을 알 수 있습니다. 누가복음 24:32에 나타나는 대로, 예수님이 엠마오로 내려가던 두 제자에게 나타나 말씀으로 그들을 뜨겁게 해 주신 사건도 첫째 날에 있었습니다.

이것은 교부인 어거스틴과 아타나시우스가 말하는 바와 같이 유대인들이 지키던 안식일을 주의 날로 옮기셨다는 것을 그들에게 암시하는 것이었다고 생각할 수 있습니다.

요한계시록 2:10을 보면, 사도 요한이 밧모섬에서 하나님의 계시를 받은 날도 첫째 날이었습니다. 사도행전 20:7, 고린도전서 16:2를 보면, 첫째 날에 모여 강론하고 떡을 떼는 것이 초대교회의 관례였습니다.

이처럼 초대 교회는 첫째 날을 주일이라 부르면서 주의 날을 존중하였습니다. 초대 교회의 교부 이그나티우스(Ignatius)는 "그리스도를 사랑하는 자는 누구든지 주의 첫째 날, 곧 주의 날을 거룩히 지킬지어다"라고 했다고 합니다.

이는 바로 안식일을 첫째 날에 지내는 것에 대한 사도적인 재가를 얻은 것으로 보여집니다. 이렇게 기독교회는 제칠일 대신에 첫째 날을 '주일'로 지켜 온 것입니다.

이와 같이 상고할 때, 주의 날은 우선 하나님의 창조의 기념비였던 안식일로 출애굽의 구원 사건을 기억할 수 있는 것이요, 구원 사건의 극치인 예수 그리스도 안에 있는 구속 사건을 기억하도록 된 것입니다. 그리하여 그 날은 하나님께서 복되게 하신 날인 것입니다.

그러므로 우리도 주일을 중요시 하여야 합니다. 하나님이 복된 날로 지정하셨기에 이 날은 우리를 위한 은혜의 날입니다. 주일의 예배는 또 하나의 은혜의 수단입니다. 그리스도 안에서 마련하신 하나님의 은혜를 받기 위하여 주일 예배에서 하나님의 은혜를 기대함이 마땅합니다.

2. 안식일을 거룩히 지키라.

여호와 하나님께서는 안식일을 거룩하게 지키면서 그 날을 기억하라고 명령하십니다. 거룩하게 한다는 것은 구분한다는 뜻입니다. 물론 우리는 그날에 다른 일에서 구분되게 그 날에 하나님께 예배하여야 합니다.

2-1. 아무 일도 하지 말라는 것은 무슨 뜻입니까?

하나님은 안식일을 거룩하게 하기 위하여 그 날에 "너는 아무 일도 하지 말라"고 명령하시고 계십니다.

유대인들은 이 말씀에 근거하여 안식일에 지켜야 할 각종 규정들을 만들어 지켜 왔습니다. 그리하여 유대인들은 엿새 동안 하던 일들 가운데 생존을 위하여 필요한 각종 기본적인 행동을 제외하고는 철저하게 다른 행동을 금했습니다. 예를 들어, 50보는 걸어도 되지만 51보를 걸으면 안식일을 어기는 것이라고 규정하였습니다.

그러나 우리는 안식일의 정신을 그렇게만 생각할 수는 없습니다. 우리는 제 4계명에 나타난 뜻을 깊이 음미하며 예수님의 교훈을 경청하여야 합니다.

우선 우리는 "아무 일도 하지 말라"는 말씀에는 엿새 동안은 힘써 모든 일을 행할 것을 전제하고 있음을 기억하여야 합니다. 안식에 들어 갈 수 있는 조건은 바로 하나님께서 엿새 동안 창조의 일을 하셨듯이 열심히 일하는 자에게 주어진 안식인 것입니다.

기독교는 우리의 근면한 활동을 기대합니다. 그런 자들에게 하나님의 안식에 동참할 수 있는 복이 주어집니다. 물론 이 명령은 그 날에는 세속적인 일에서 떠나 하나님을 위하여 보내야 한다는 말씀입니다. 그 날은 안식할 수 있게 모든 것을 허락하신 하나님께 감사해야 하는 날이요 하나님이 허락하신 것들을 나누는 날이기도 합니다.

그러나 이 계명에는 그 이상의 깊은 정신이 숨어 있습니

다. 계명을 자세히 살펴보면서, 아무 일도 하지 말라는 말씀
이 누구에게 주어졌는지를 생각하여야 합니다.

본문을 보면, 이 명령은 '너'라고 불리는 사람들에게 주
어진 명령입니다. 본문을 깊이 살펴보면, 이들은 이스라엘
사람들 가운데, 남종, 여종, 육축들을 소유하고 있는 사람들
입니다. 즉 부유한 사람들입니다. 여호와께서 이들에게 쉬
라고 명하신 것은 결국 종들, 육축들과 객들이 쉴 수 있도록
배려하기 위함임을 알 수 있습니다.

출애굽기 23:12에는 안식일에 대한 명령이 다음과 같이
약간 달리 표현되어 있습니다.

"너는 육일 동안에 네 일을 하고 제 칠일에는 쉬라 네 소
와 나귀가 쉴 것이며 네 계집종의 자식과 나그네가 숨을 돌
리리라(refresh themselves)."

곧 집 안의 아랫사람들이 한숨 돌릴 수 있는 짬을 허락하
라는 뜻입니다. 그들을 노동으로 착취하지 말고 그들의 인
권을 존중하라는 말씀인 것입니다.

신명기 5:15에 안식일에 대한 계명이 또 나옵니다.

여기서 하나님은 '너희들이 애굽 땅에서 종노릇하던 일
과 하나님께서 구출해 낸 것을 기억하라'고 강조하고 있습
니다. 다른 말로 바꾸면, 이 말은 '너희들이 애굽 땅에서 종

노릇할 때 당한 일을 기억하고 너희 수하에서 일하는 사람들을 정당하게 다루라' 는 말씀입니다. 곧 사회 정의를 실현하라는 하나님의 명령인 것입니다.

사랑하는 성도 여러분! 일하는 사람들의 인권을 존중하여야 합니다. 안식일을 지키는 것은 사회정의의 실현이요 하나님의 피조물에 대한 배려이기도 합니다.

2-2. 안식일에는 선한 일을 하여야 합니다.

예수님께서 안식일에 관련하여 주신 교훈을 보면, 안식일의 정신이란 유대인들처럼 여러 종류의 금기 조항을 만들어 사람을 괴롭히는 것이 아니라 하나님을 위하여 선한 일을 하라는 것임을 알 수 있습니다.

한번은 마태복음 12:12에서 예수님께서 안식일에 병자를 고치셨습니다. 이에 바리새인들이 시비를 걸었습니다. 그때 예수님께서 말씀하시기를 "사람이 양보다 얼마나 더 귀하냐 그러므로 안식일에 선을 행하는 것이 옳으니라"고 하셨습니다.

또 마가복음 2:23에 보면, 안식일에 제자들이 밀밭으로 지나가면서 밀 이삭을 잘라 먹은 일이 있었습니다(마 12:1-8, 눅 6:1-5). 이를 본 바리새인들이 안식일을 어겼다고 항

의하였습니다. 본문을 깊이 살펴보면 이 일은 예수님께서 의도적으로 하신 일이었던 것 같습니다. 당시의 풍속으로 보건대 예수님은 밀밭 사이로 앞장서서 가셨을 것입니다. 그리고 바리새인들이 보고 있는데 제자들이 예수님의 지시 없이 밀 이삭을 잘라 먹지는 않았을 것입니다. 이로 미루어 보아 예수님은 의도적으로 안식일의 정신을 가르치려고 하신 것이 분명합니다.

그 상황에서 밀 이삭을 잘라 먹었다면 이들은 배고픈 사람들이었을 것입니다. 여기에서 주님이 가르치고자 하는 것은 굶주리고 고통당하고 학대당하는 사람들의 고통을 없애는 것이야말로 안식일을 제정하신 진정한 뜻이라는 것입니다.

그러면서 주님은 마가복음 2:27-28에서 "안식일은 사람을 위하여 있는 것이요 사람이 안식일을 위하여 있는 것이 아니니 이러므로 인자는 안식일에도 주인이니라"고 하셨습니다. 안식일의 진정한 의미를 찾으신 것입니다.

오늘날 우리는 구약의 안식일을 지키지 않습니다. 그 대신 주일을 지키고 있습니다. 그러나 성경에서 안식일과 관련하여 하나님께서 명령하신 내용들이 주일을 지키는 우리에게도 적용되는 것임은 두말할 필요가 없습니다.

유대인들이 안식일의 정신을 왜곡하여 온 것을 시정하여
이 날의 바른 의미를 우리의 마음에 되새겨야 합니다.

2-3. 창조주 하나님을 기억하며 지켜야 합니다.

우리는 하나님의 창조 사역을 기억하며 하나님의 창조의
질서를 회복하기 위하여 살아야 합니다. 그리고 죄로 인하
여 파괴된 질서와 인간을 구원하고자 하신 하나님의 구속
사건을 기억하며 하나님을 경배하여야 합니다.

우리는 이와 같은 예배를 통하여, 주일을 하나님의 은혜
를 받은 감격의 날로 삼아야 합니다. 이런 면에서 주일은 복
된 날입니다.

우리는 엿새 동안 근면하게 일하여야 합니다. 그러나 동
시에 다른 사람의 노동을 착취하지 말고 사회정의를 도모
하여야 합니다. 동시에 사람들을 위하여 선한 일을 행하며
고통을 당하고 있는 사람들을 돕는 선행에 힘쓰도록 하여
야 할 것입니다.

말씀을 맺겠습니다.

우리가 지금까지 제 1계명으로부터 제 4계명에 이르는 계
명을 상고함에 있어, 주님께서 가르치신 주기도문과 연관

시켜 살필 때, 주기도문이 이 계명들을 통해 적극적인 방법으로 같은 교훈을 주고 있음을 알 수 있습니다. 즉 주기도문이 '하늘에 계신 아버지!' 하며 시작하듯이, 십계명은 제 1계명으로써 하나님 아버지를 예배의 대상으로 하고 있습니다. 그리고 나서 주기도문은 당신의 이름이 거룩히 여김을 받게 하여 달라고 함으로, 십계명의 2, 3 계명의 금지사항을 긍정적으로 말씀하고 있습니다. 또한 더 나아가, 주기도문은 하나님의 나라가 임하며 하나님의 뜻이 이루어지기를 기원함으로, 십계명의 제 4계명이 말하고 있는 사회 정의를 이루도록 구할 것을 교훈하고 있습니다. 그 다음 주기도문은 우리에게 일용한 양식을 달라고 구함으로 제 4계명에서 관심 갖고 있는 바 배고픈 사람, 어려운 사람들에게 대한 하나님의 은혜를 구하고 있습니다.

그러나 마지막으로 기억할 것이 있습니다. 이런 사항들이 안식일을 지키라는 계명의 정신이기에 우리는 늘 그렇게 되도록 노력하여야 할 것이라는 점입니다. 또한 하루를 구분하여 그렇게 하라는 것은, 최소한 우리에게 주어진 시간의 7분의 1은 하나님을 위하여 시간을 내고, 또한 사회 정의와 어려운 사람들을 위한 봉사를 하여야 한다는 교훈임을 기억하고, 그렇게 행하여야 할 것입니다.

부모를 공경하라

출 20:12

네 부모를 공경하라 그리하면 너의 하나님 나 여호와가
네게 준 땅에서 네 생명이 길리라.

엡 6:1-3

자녀들아 너희 부모를 주 안에서 순종하라 이것이 옳으니라.
네 아버지와 어머니를 공경하라 이것이 약속 있는 첫 계명이니,
이는 네가 잘 되고 땅에서 장수하리라.

부모를 공경하라

십계명의 제 5계명부터 7계명까지는 인간관계에 대한 것입니다. 그런데 "살인하지 말지니라", "간음하지 말지니라"라는 6계명과 7계명에 앞서 "부모를 공경하라"(5계명)고 명령하고 있는 것에 주목하여야 합니다. 부모를 공경하는 것은 매우 중요한 것이기 때문입니다.

성경은 여러 곳에서 부모 공경의 중요성을 언급하고 있습니다.

"너는 너의 하나님 여호와의 명한 대로 네 부모를 공경하라 그리하면 너의 하나님 여호와가 네게 준 땅에서 네가 생명이 길고 복을 누리리라"(신 5:16).

"내 아들아 네 아비의 훈계를 들으며 네 어미의 법을 떠나지 말라"(잠 1:8).

"내 아들아 네 아비의 명령을 지키며 네 어미의 법을 떠나지 말고 그것을 항상 네 마음에 새기며 네 목에 매라(잠 6:20-21).

"너 낳은 아비에게 청종하고 네 늙은 어미를 경히 여기지 말지니라"(잠 23:22).

"네 부모를 즐겁게 하며 너 낳은 어미를 기쁘게 하라"(잠 23:25).

그리고 신명기 21:18-21에서는 부모의 말에 불순종하는 자들에 대한 경고를 하고 있습니다.

"사람에게 완악하고 패역한 아들이 있어 그 아비의 말이나 그 어미의 말을 순종치 아니하고 부모가 징책하여도 듣지 아니하거든 그 부모가 그를 잡아가지고 성문에 이르러 그 성을 장로들에게 나아가서 그 성읍 장로들에게 말하기를 우리의 이 자식은 완악하고 패역하여 우리 말을 순종치 아니하고 방탕하며 술에 잠긴 자라 하거든 그 성읍의 모든 사람들이 그를 돌로 쳐 죽일지니 이같이 네가 너의 중에 악을 제하라 그리하면 온 이스라엘이 듣고 두려워하리라."

출애굽기 21:17에서는 "그 아비나 어미를 저주하는 자는 반드시 죽일지니라"고 기록하고 있습니다(마 15:4, 막

7:10).

1. 부모 공경은 창조질서의 기초입니다.

위에서 우리는 성경이 부모를 공경하는 것을 매우 중요하게 다루고 있는 것을 보았습니다. 사람들은 흔히들 말하기를, 유교에서는 효도를 가르치지만 기독교는 개인주의를 따르며 효 사상이 없다고 합니다. 그러나 그것은 잘못된 이해입니다.

이러한 계명이 있다는 것 자체가 그 내용의 중요성을 나타내는 것이기도 하지만, 부모에게 효도를 하지 않는 상황을 보고 주신 계명이라고 생각됩니다. 오늘날 한국에서도 효의 사상이 희미하여지는 이때에, 이는 얼마나 우리의 관심을 끄는 계명인지 모릅니다.

부모가 얼마나 중요합니까? 생명의 주인은 하나님이시지만 그 생명은 우리들의 아버지와 어머니를 매개로 하여 이어져 내려오고 있지 않습니까? 부모와 자식은 인간관계의 시작입니다. 그런 까닭에 인간 세계의 질서를 잡는 일은 부모와 자식 사이의 관계를 회복하는 일에서 출발한다고도 할 수 있습니다.

신비스러운 것은, 왜 하나님께서는 철든 부모가 먼저 자식과의 관계를 회복하도록 하라고 명령하시지 않고, 자식들에게 부모를 공경하라는 명령을 주시고 있는가 하는 것입니다.

세상에 자식 없는 부모는 있으나 부모 없는 사람은 없습니다. 그러니 가장 보편적인 도덕률은 부모공경에 있는 것이 아니겠습니까? 또한, 일반적으로 봐서 부모가 자식을 사랑하는 것은 보편화된 일입니다. 간혹 나쁜 부모도 있으나 일반적으로 부모가 자식을 사랑하는 것은 지극합니다. 그러나 자식은 부모에 대하여 그렇지 않은 경우가 너무나 많습니다.

애츠에 가정과 사회의 파괴는 자식이 부모에게 불순종하는 데서 시작되었지 않습니까? 아담과 하와는 아버지 하나님의 갈씀에 불순종함으로 인류사회에 비극을 초래했습니다. 가인은 부모의 말씀에 불순종하여, 동생 아벨을 죽이는 데에 이르는 가정의 파괴를 가져왔습니다. 가정의 파괴는 오늘날에 와서도 우리가 목도하는 비극입니다.

그러므로 하나님의 창조질서의 회복, 가정과 사회질서의 회복은 바로 이 파괴된 질서를 회복하는 효도에 있다는 것을 우리는 알아야 합니다. 그래서 하나님은 대인관계의 윤리에 있어 제일 먼저 부모를 공경하라고 하시는 것입니다.
부모 공경은 사회질서의 기초입니다.

2. 부모공경은 곧 하나님을 경외하는 것입니다.

오늘날 파괴되는 가정에 있어 자녀가 그 부모를 존경하고
순종할 때에 하나님의 창조질서가 섭니다. 그래서 한경직
목사님은 효도하는 것은 바로 신앙의 첫 열매라고 하셨습
니다.

영적 견지에서 볼 때, 첫째, 둘째, 셋째, 넷째 계명을 잘
지키는 신앙의 사람은 다섯째 계명도 잘 지킬 것입니다. 영
적 아버지께 순종하고 경외하는 사람은 육적 아버지와 어
머니도 경외하고 순종할 줄 알 것이기 때문입니다. 골로새
서 3:20을 보면, 부모에게 순종하는 것이 바로 주님을 기쁘
게 하는 것이라고 말씀하고 있습니다. 그러기에 부모에게
효하는 것이 곧 하나님을 경외하는 것입니다. 그러므로 한
경직 목사님은 신효일체(信孝一體)라고 하였습니다. 부모
를 공경하는 것이 하나님을 공경하는 것이요, 하나님을 공
경하는 사람은 부모를 공경한다는 것입니다. 눈에 보이는
육신의 부모에게 순종하지 않으면서 어떻게 보이지 않는

영의 아버지를 경외한다고 말할 수 있겠습니까? 그리하여 하나님께서는 육의 부모를 순종하는 것으로 영적인 아버지 이신 하나님을 섬기는 훈련을 하기 원하시는 것입니다.

3. 부모공경은 사회에서 대인관계의 질서를 세우는 것입니다.

더 나아가, 하나님은 부모에 대한 효도를 통하여 사회에서 대인 관계의 질서를 세우시기를 원하십니다.

한경직 목사님은 말씀하시기를, 부모를 공경하라는 것은 그 범의가 거기에 그치는 것이 아니라 부모를 비롯해서 모든 윗사람을 공경하라는 뜻이 내포되어 있는 것이라고 하셨습니다.

"교티문답 64문을 보면 이렇게 가르치고 있습니다. '제 5계명에 명하는 것이 무엇이뇨?' 대답을 보면, '제 5계명에 명하는 것은 각 사람에 속한 지위와 인륜 관계 즉 상하와 평등을 따라 높일 자를 높이고 행할 일을 하라는 것이니라.'고 했습니다. 성경 말씀대로 두려워할 자를 두려워하고 존경할 자를 존경하라는 뜻입니다."(한경직, 『십계명 강해』, p. 67)

이는 한국 고유의 풍속이기도 합니다. 명절이 되면 나의 부모만이 아니라 친구의 부모와 이웃의 모든 어른들을 찾아가서 세배를 드리며 인사드리는 것이 우리의 문화입니다. 이것이 한국인의 예절입니다.

레위기 19:32에 이런 말씀이 기록되어 있습니다.

"너는 센 머리 앞에 일어서고 노인의 얼굴을 공경하며 네 하나님을 경외하라(Rise in the presence of the aged, show respect for elderly and revere your God)."

이것이 하나님의 교훈이요, 감사하게도 이것이 우리나라의 전통적인 문화입니다.

종교개혁자 마틴 루터도 이렇게 말했습니다. "친아버지뿐만 아니라, 목사님, 선생님, 왕을 아버지같이 여겨야 한다."

이 사회가 지금 부모에 대한 존경심이 있습니까? 스승에 대한 존경심이 있습니까? 노인에 대한 존경심이 있습니까?

전철 안에서 노인에게 자리를 양보하는 젊은이들이 얼마나 있습니까? 심지어는 자식이 사소한 이해관계로 부모를 살해하는 일이 일어나고 있지 않습니까? 동남아에서 노인에 대한 존경심이 가장 적은 나라가 한국이라는 평가를 듣고 있지 않습니까? 왜 그렇습니까? 부모에 대한 존경심이 없으니까 선생님이나 윗분들에 대한 존경심도 없어지고 있는 것입니다.

그러므로 우리 성도들이 먼저 이 아름다운 문화를 꽃피워 나가야 하겠습니다. 이 좋은 전통을 이어나가는 것은 곧 하나님의 명령을 실천하며 살아가는 것입니다. 그래야 이 사회를 따뜻하게 만들 수 있을 것입니다. 이 사회는 보다 맑고, 밝고, 건강한 사회로 변화해 나갈 것입니다.

4. 효하는 자에게는 축복의 약속이 있습니다.

4-1. 효하는 자에게는 잘됨과 영생의 복을 약속하였습니다.

골로새서 3:20을 보면, 부모에게 순종하는 것이 주님을 기쁘시게 하는 것이라 말씀하고 있습니다.

뿐만 아니라 출애굽기 20:12에는 "효하는 자에게 생명을 연장해 주리라"고 약속하고 있습니다(신 5:16 참고). 에베소서 6:1에서는 "부모를 공경하면 네가 잘되고 땅에서 장수하리라"고 하였습니다.

그렇습니다. 이 얼마나 놀라운 복입니까? 하나님께서는 부모에게 효하는 사람에게는 생명을 연장하여 주리라고 하시면서, 하나님 자신이 생명의 주인인 것을 상기시키고 있습니다. 생명을 주관하시는 분은 하나님이십니다. 이렇게

말씀하심으로 하나님은 영의 아버지이신 하나님을 경외하
는 자에게 영생의 복이 마련되어 있음을 암시하고 계시는
것입니다.

그렇습니다. 우리가 부모를 공경하듯이 하나님을 경외하
면 영생의 복을 받습니다.

사랑하는 성도 여러분! 부모에 효하며 하나님을 경외함으
로 인하여 이러한 복을 받으시는 모두가 되시기를 기원합
니다.

**4-2. 부모에게 순종하지 않는 자에 대하여는 엄한 경고가 있습니
다.**

그런가 하면 하나님은 불효자들에 대하여 엄한 경고를 하
고 있습니다.

출애굽기 21:17에서 말씀하였습니다. "그 아비나 어미를
저주하는 자는 반드시 죽일지니라."

또 신명기 27:16에서 말씀하였습니다. "그 부모를 경홀히
여기는 자는 저주를 받을 것이라 할 것이요 모든 백성은 아
멘 할지니라."

출애굽기 21:15을 보면, 우리의 불손한 행동에 대하여 엄
히 경고합니다. "자기 아비나 어미를 치는 자는 반드시 죽

일지니라.”

예스님도 마태복음 15:4, 6과 마가복음 7:10에서 말씀하였습니다. “하나님이 이르셨으되 네 부모를 공경하라 하시고 또 아비나 어미를 훼방하는 자는 반드시 죽으리라 하셨거늘… 그 부모를 공경할 것이 없다 하여 너희 유전으로 하나님의 말씀을 폐하는도다.”

이같이 예수님은 불효자들을 책망하였습니다. 여기에서 우리는 부모를 공경하라는 이 계명이 얼마나 귀한 명령인지를 알게 됩니다. 기회가 있는 동안 부모에게 효하는 우리 모두가 되기를 기원합니다.

5. 어떻게 효를 할 것입니까?

그러면 어떻게 효를 행할 것입니까? 성경은 무엇이라고 권고하고 있습니까?

출애굽기 20:12에는 “네 부모를 공경하라”고 명하고 있습니다. 레위기 19:3에도 “부모를 경외하라”고 명하고 있습니다. 에베소서 6:1에서는 “부모에게 순종하라”고 명하였습니다. 그리고 잠언 23:25에서는 “네 부모를 즐겁게 하며 너 낳은 어미를 기쁘게 하라”고 하였습니다.

5-1. 부모를 공경하여야 합니다.

부모를 공경하라는 이 말씀은 영어로는 'honour you mother and father' 입니다. 우선 소극적으로 표현하면, 부모에게 수치감을 주거나 괴롭히지 말라는 말씀입니다. 부모의 말씀이 무시될 때 부모가 그 마음에 느끼는 심정은 수치감입니다. 부모를 공경하시기 바랍니다.

가인의 예를 보십시오. 창세기 3:21을 보면, 죄를 범함으로 무화과 잎으로 수치를 가린 아담과 하와에게, 하나님께서 죄 없는 양의 가죽으로 옷을 입혔다는 이야기가 있습니다. 여기에서 아담은 하나님께 양을 잡아 제사를 드리라는 지시를 받았을 것으로 추측이 됩니다. 아담은 이런 사실을 자식인 가인과 아벨에게 교훈하였을 것입니다. 그 후 예배 생활에서 아벨은 그 지시대로 하였기에 하나님을 기쁘시게 하였으나, 가인은 부모의 교훈을 무시하고 흠 없는 구별된 양으로 제사를 드리지 않아 하나님이 그와 그의 제물을 열납하시지 않으셨습니다. 그로 인하여 가인은 결국 동생을 질투하고 살인하기에 이르렀습니다. 그 결과를 보는 부모는 얼마나 강한 수치감과 괴로움을 느꼈겠습니까?

아마도 아담은 자신이 하나님 아버지께 불순종함으로 인하여 일어난 비참한 결과를 이야기하였을 것입니다. 그런데 가인은 아버지의 교훈을 귀 담아 듣지 않았던 것입니다. 그것이 불순종이요 불효입니다.

5-2. 부모에게 순종하여야 합니다.

다음으로 네 부모를 공경하라는 말은 부모의 말씀에 순종하라는 의미입니다.

요즈음 젊은이들은 '아버지나 어머니는 우리 시대를 모른다' 그 말하면서 부모의 말씀을 무시할 때가 너무나 많습니다. 그러나 부모의 말씀이 사랑에서 나온다는 것을 기억해 보세요. 부모는 자식보다 경험이 많습니다.

때로는 부모가 이치에 맞지 않는 말씀을 할 때가 있을지 모르지요. 그러나 순종하는 자녀는 그러한 경우라도 일언지하에 "아니요"라고 하지 않습니다. 공손히 그 이유를 설명하며 설득하는 자세를 가지십시오.

예를 들면, 직장에서 상사가 무엇인가를 지시할 때 부하가 설명도 없이 "아니요" 하고 불순종하면, 그 때 상사는 마음에 수치를 느끼게 됩니다. 부하의 이런 태도는 윗사람의 마음에 수치감을 주는 것입니다.

저는 그런 경우에는 일언지하에 "아니요, 안 됩니다"라고 하지 않고, "네, 연구하여 보겠습니다"하며 나오곤 하였습니다. 그리고 다음에 가서 "생각하여 보니 이렇고 저래서 그것은 안 될 것 같습니다"고 설명하였습니다. 그렇게 하는 것은 윗사람으로 하여금 수치감을 느끼지 않도록 합니다. 그것이 윗사람을 공경하는 것이 아니겠습니까.

나아가 순종은 말로만이 아니라 행동이 따르는 것이라야 합니다. 이삭의 순종을 보세요. 창세기 22장에 보면, 이삭은 자신이 묶여서 제물이 되는 데도 순종하였습니다. 예수님도 이 땅에 오셔서 죽음에 이르기까지 하나님 아버지께 순종하였습니다. 그래서 하나님 아버지를 기쁘시게 하였습니다. 첫째 아담의 불순종으로 인하여 영생의 길이 단절되었으나 둘째 아담이신 예수님의 순종으로 인하여 영생을 얻는 축복이 우리에게 허락되었습니다.

우리 신자들은 예수의 본을 따라 아버지를 순종함으로 그가 열어 놓은 영생의 길로 가도록 하여야 하겠습니다.

5-3. 부모를 즐겁고 기쁘게 하여 드려야 합니다.

어떻게 하여야 부모가 기뻐하십니까? 여러분이 경험해 보아서 아시지 않습니까? 그대로 하세요.

예를 들어서, 부모님에 대하여 늘 감사를 표현할 때 부모님은 기뻐하십니다. 누가 뭐라 하여도 여러분의 존재는 부모님 때문에 있는 것이 아닙니까? 가끔, 아니 자주 만나드려야 합니다.

예를 들면, 나는 부모님과 멀리 떨어져 있을 때에는 자주 편지를 썼습니다. 그럴 때마다 부모님은 걱정을 덜게 되고 기뻐하셨습니다. 여러분이 좋은 일, 장한 일을 하시면 그 누구보다 여러분의 부모님이 더더욱 기뻐하시고 행복해 하실 겁니다.

여러분, 우리가 성경적인 신앙생활을 하게 되면 부모님이 기뻐하시고 온 집안이 즐겁습니다. 또한 여러분 자신들이 즐겁습니다. 성경은 이런 자에게는 땅에서 잘되고 장수하리라고 언약하였습니다.

말씀을 맺습니다.

필자는 지금은 나이가 들어 효도할 수 있는 기회가 이미 지나갔습니다. 부모님께서 이미 하나님께 부르심을 입었기 때문입니다. 여러분에게 주어진 기회가 있을 때 효도할 수 있기를 바랍니다. 그렇게 하지 않으면 나중에 후회하게 됩니다. 지금 하시기 바랍니다.

살인하지 말라

출애굽기 20:13
살인하지 말지니라.

출애굽기 21:12-14
사람을 쳐 죽인 자는 반드시 죽일 것이나 만일 사람이
계획함이 아니라 나 하나님이 사람을 그 손에 붙임이면 내가 위하여
한 곳을 정하리니 그 사람이 그리로 도망할 것이며 사람이 그 이웃을
짐짓 모살하였으면 너는 그를 내 단에서라도 잡아내려 죽일지니라

살인하지 말라

십계명을 보면 하나님이 인간관계의 중요성을 부모와의 관계로부터 언급(5계명)해나가고 있다는 것을 알 수 있습니다. 바로 앞서 살펴본 5계명이 그것입니다. 부모와의 관계는 보이지 않는 하나님과의 관계를 입증할 수 있는 샘플이며 인간관계의 처음이자 시작입니다. 이제 '네 부모를 공경하라' 는 하나님의 명령이 의미하는 인간관계는 구체적으로 제 6계명에서 인간 상호관계의 원리로 확장됩니다. '살인하지 말라' 는 6계명의 말씀은 인간관계뿐 아니라 나아가서 생명의 존엄성을 말하고 있는 것입니다.

사람은 하나님의 형상대로 지음을 받은 존재입니다. 성경 창세기 2:7에 의하면, 생명은 하나님께로부터 받은 것입니다. 생명은 하나님의 형상으로(Imago Dei) 지으심 받았습니다. 그러므로 인간의 생명은 귀중한 것입니다. 제 6계명은 이와 같이 귀중한 생명을 보전하기 위한 계명입니다.

사람의 생명이 그토록 귀중한 것이기에 자의로 살인을 하면 안 됩니다. 살인은 궁극적으로는 생명을 지으신 하나님에 대한 불경입니다.

1. 여기서 말하는 살인은 어떤 것입니까?

1-1. 국가가 집행하는 공적인 살인을 의미하는 것이 아닙니다.

이는 국가가 행하는 사형이나 전쟁에서의 살인을 말하는 것은 아닙니다. 모세의 율법에서는, 살인자, 안식일을 범하는 자, 유대인을 종으로 파는 행위 등에 대하여 형벌의 한 종류로서 사형을 허락하고 있습니다.

또한 여기서 말하는 살인은 국가 간의 전쟁에서 살인하는 것을 의미하는 것도 아닙니다. 하나님의 율법은 정당한 전쟁을 허용하고 있습니다. 야심을 가지고 일으키는 전쟁이나 복수를 위한 전쟁은 악한 것이지만, 도덕적으로 순수하며 인간의 귀중함을 지키기 위한 전쟁은 허락하고 있습니다.

1-2. 잘못된 개인 욕심을 위한 살인을 의미합니다.

여기에 '살인한다'는 말은 히브리어로 '라짜흐(ratsah)'라 하는데, 이는 개인적인 살인을 뜻합니다. 고의적인 것이었든 고의적인 덫이었든 간에, 그것은 결국 개인을 살해하는 것을 의미하는 것입니다.

그러나 하나님은 민수기 35:25에서 고의가 아닌 과실로 사람을 죽였을 경우에는 도피성으로 도망하도록 하여 형벌을 면하게 했습니다. 그러므로 여기에서 금지하고 있는 살인은 고의성이 있는 살인(purposeful murder), 의도적인 살인(intentional murder), 그리고 계획적인 살인(premeditated murder)을 의미합니다.

앞에서 말한 대로, 사람은 하나님의 형상대로 지음을 받은 존재요, 사람의 생명은 하나님이 주신 것이기에, 생명을 죽이는 일은 하나님께 대한 범죄입니다. 살인은 생명의 주인 되시는 하나님으로부터 생명을 도적질하는 것과 같은 것입니다. 그러므로 살인하지 말아야 합니다.

성경은 살인에 대해서는 엄한 형벌을 말씀하고 있습니다. 구약 출애굽기 21:12을 보면, "사람을 쳐 죽인 자는 반드시 죽일 것이나"라고 했습니다.

성도 여러분! 오늘날, 생명을 경시하는 풍조가 얼마나 많습니까? 포스트모더니즘(Post-modernism)의 영향인 듯, 사람들은 그저 기분이 상한다고 하여 살인합니다.

2. 이 계명이 금지하고 있는 것은 직접적인 살인 이상입니다.

이 계명은 직접적인 살인뿐 아니라 낙태도 금하는 것입니다. 안락사라는 명분으로 남의 생명을 죽이는 것도, 그리고 자살도 안 된다는 것입니다. 마음으로 남을 미워하는 것도 살인이기에, 그 또한 안 됩니다.

2-1. 마음으로 미워하는 것도 살인입니다.

많은 사람들이 이 6계명을 자기와는 상관이 없는 것처럼 생각하기 쉽습니다. 그러나 깊이 살펴보면 그렇지 않습니다.

예수님은 형제를 미워하는 것도 살인이라고 경고했습니다. 형제를 미워하는 자는 곧 살인하는 자라고 말씀하신 것입니다. 마음의 미움은 결국 살인으로 연결되기 때문입니다.

마태복음 5:21-22에 있는 예수님의 말씀을 들어 보십시다.

"옛 사람에게 말한 바 살인치 말라 누구든지 살인하면 심판을 받게 되리라 하였다는 것을 너희가 들었으나 나는 너희에게 이르노니 형제에게 노하는 자마다 심판을 받게 되고 형제를 대하여 '라가' 라 하는 자는 공회에 잡히게 되고 미련한 놈이라 하는 자는 지옥 불에 들어가게 되리라."

여기 라가라는 말은 상대방을 경멸하는 말로, 예를 들어서, 미련한 놈, 얼간이, 정신 나간 놈이라고 욕설을 하는 것을 의미합니다. 그러고 보니, 이 계명을 범하지 않은 사람은 거의 없을 듯 합니다. 우리는 하나님께 용서를 구하여 서로 화목할 수 있는 이들이 되어야 하겠습니다.

주 예수님은 마 5:23-24에서 다음과 같이 화목 우선을 권고하십니다.

"그러므로 예물을 제단에 드리다가 거기서 네 형제에게 원망 들을 만한 일이 있는 줄 생각나거든 예물을 제단 앞에 두고 먼저 가서 형제와 화목하고 그 후에 와서 예물을 드리라."

2-2. 낙태도 일종의 살인입니다.

"태아도 인간인가"라는 질문은 사실 낙태라는 의료기술이 개발되고 시행되기 때문에 생긴 질문이지, 본래적으로 인간은 이 질문에 대해 의문을 가지지 않았습니다.

예를 들어, 한 남편이 자기 아내로부터 임신 소식을 듣는다면, "저 수정아가 생물학적으로 인간일까?" 혹은 "이 아기가 법적으로 인간의 권리가 있는 개별 인격체인가?"라는 생각을 할 겨를도 없이 "오, 내 아기, 어디 촬영한 태아 사진 좀 보여줘!"라고 탄성부터 지를 것입니다. 바로 여기에 가장 확실한 인간 스스로의 대답이 담겨 있습니다.

문제는, 나의 편의를 위해 쉽사리 낙태하는 세태 속에서 단지 눈에 보이지 않는다는 사실을 이용하여 도덕적으로 눈을 감아버리고 있다는 것입니다.

이제 태아가 의학적으로 분명히 수정의 순간부터 인간이라는 해답을 얻었다면, 인간은 낙태라는 행위를 어떤 단어로 규정하게 될까요? 그것은 바로 '살인'이라는 단어로 확증 지어질 것입니다.

사실 1949년까지만 해도 태아의 상태를 의학적으로 규명하는 태생학 또는 발생학, 태아학(Fatology)이 없었습니다. 그 당시 "태아가 인간인가?" 하는 문제는 개인 신앙이나 감각의 영역으로만 여겨졌습니다. 그러나 현대의학의 발전, 특히 1970년대 이후 초음파 영상기술, 전자식 태아심장측정술 등의 발달로, 과학적으로도 태아가 유일하고 독특한

별개의 인간이라는 '태아학'이 정립됨으로써 이 사실은 입증되고 있습니다.

인간으로서의 출발은 23개의 염색체를 가진 정자와 23개의 염색체를 가진 난자의 만남으로 시작되어 46개의 인간 염색체를 가진 뚜렷한 인간으로서의 수정아(受精兒)가 창조되는 때로부터입니다.

그러므로 기독교는 한 생명이라도 하나님의 형상이 있다면 아주 귀중하게 여겨야 하는 것입니다.

2-3. 원칙적으로 안락사(euthanasia)도 안 됩니다.

원래 안락사라는 말은 심한 고통이 없는 편안한 죽음, 아름답고 존엄한 죽음, 잠자는 것과 같은 평화로운 죽음을 뜻하는 그리스어에서 유래했습니다. 수세기 전 이 말은 말기 환자가 삶의 마지막 순간을 보내는 동안 가능하다면 최대한으로 자유롭게 한다는 자비로운 윤리적 관행을 지칭하는 말이었습니다.

그러나 오늘날에 와서는 그 말의 본래 의미를 상실하여 질병의 고통이나 단말마의 고통을 없애려는 의학적 조치를 의미하게 되었습니다. 곧 극도의 고통을 끝내기 위한 '안락살해'를 뜻하는 특수한 의미로 사용하고 있는 것입니다. 현대에는 인간 생명에 있어 불가항적인 죽음이 예측될 때 합리주의적인 발상에 의해 이를 인위적으로 단축시켜 죽음에 이르게 하는 인간의 행위라는 안락사의 정의가 가장 널리 받아들여지고 있는 실정입니다.

'죽음의 의사'라고 불린 잭 캐보키언 박사는 1990년 이후 블치병 환자를 130명이나 안락사를 시킨 사람입니다. 그는 이미 4차례나 법정 투쟁을 한 뒤 다시 재판정에 나섰을 때 "인간적 연민 때문에 안락사를 도와주었다"고 주장하여 무죄 석방을 받았습니다. 그는 자신이 선의를 가진 착한 의사임을 주장하면서 적극적 안락사를 130회나 '소신 있게' 시행하였으며, 방송매체에도 자신의 행동을 소개하는 적극적인 면을 보였습니다. 그는 환자의 요청이 있을 경우는 당연히, 그리고 환자의 요청이 없을 경우에도 적극적 안락사를 생각할 수 있도록 죽음의 문화를 전도하는 '죽음의 전도사'를 자처했습니다.

이렇게 안락사 운동도 낙태나 유아 살해처럼 '자비로운 살해', '자기 해방', '의사의 도움을 받는 죽음'과 같은 옷으로 가장하고 있습니다. 그러나 그것은 삶의 질이나 인간의 존엄, 자기조절, 혹은 선택의 자유 같은 것으로 거짓 포장되고 있을 뿐임을 알아야 합니다.

안락사는 생명체의 의식에 따라 세 가지로 구분됩니다. 생명 주체의 자발적 의사에 따르는 안락사를 말하는 '자의적 안락사(Voluntary Euthanasia)', 생명 주체가 의사를 표시할 수 없거나 그 표현이 불가능한 경우, 또는 가능하다 할지라도 외부에서 이를 이해할 수 없을 때, 즉 표현되고 있으나 시행자에게 정확히 전달되지 않을 때 하는 '임의적 안락사(Nonvoluntary Euthanasia)', 생명 주체가 적극적으로 반대하는 데도 불구하고 이에 반대하여 시행자가 실시하는 것으로 일명 '강제적 안락사' 라고 하는 '타의적 안락사(Involuntary Euthanasia)' 가 있습니다.

한편, 생존의 윤리성에 따라 세 가지로 구분하기도 합니다. 인내하기 힘든 격렬한 고통이 진정될 가능성이 없는 경우, 이러한 육체적 고통을 지닌 인간 생명은, 무의미한 존재이기 때문에 거부한다는 '자비적 안락사(Beneficient Euthanasia)' 가 그 하나입니다. 두 번째는, 의식이 없어 정신적인 활동이 전혀 불가능한 '산 송장' 으로서의 인간은 그 생존의 의미가 없기 때문에 인격의 존엄성을 지키기 위하여 생명을 단축시켜야 한다는 것으로, '존엄사' 라고도 부르는 '존엄적 안락사(Euthanasia with Dignity)' 가 있습니다. 세 번째는, 공동체에 큰 부담이 되는 생명 주체는 생존의 의미가 없다고 판단하여 생명을 단축시키는 것입니다. 쓸도없는 존재로서의 생명 주체의 배제는 공동체에 손해를 초라 하는 것이 아니라, 반대로 보탬이 된다고 판단하여 행하는 '도태적 안락사(Selective Euthanasia)' 가 그것입니다.

네덜란드의 의학 협회에서는 1986년에, 안락사를 수행할 수 있는 방향 설정을 해 놓았는데 그것은 아래와 같습니다.

"첫째는 안락사를 요청하는 환자가 자발적인 결정을 내려야 하고, 둘째는 신중하게 숙고하여 요청해야 하며, 셋째는 지속적인 죽음의 요청(A Durable Death Wish)이 있어야 하고, 넷째는 참을 수 없는 고통이 지속되는 경우라야 하며, 다섯째는 동료들과 충분한 상의가 있어야 합니다."

1991년에 네덜란드 정부에서 임명한 한 기관의 조사에 의하면, 매년 9,000명의 환자가 안락사를 원하면서 의사들에게 요청하고 있지만, 2,300명만이 안락사 수행 여건에 해당되그, 그 중 연간 400명이 의사들의 도움으로 죽고 있다고 합니다.

의학 기술을 앞세워, 위엄 있고 계시적인 죽음을 이어가는 순수한 죽음을 앗아가는 것은 부당한 일입니다. 이는 우리 인간 생명의 존엄성을 저버리는 일입니다. 생명의 소중함을 유지하는 것은 인류가 지켜야 할, 무엇과도 바꿀 수 없는 기본 명제입니다.

우리의 생명은 주 예수님께서 십자가 상에 못 박힌 값을 주고 산 영혼입니다. 따라서 우리 인간의 짧은 지식으로 생명을 살해할 수 없는 것입니다.

2-4. 자살도 절대로 안 됩니다.

오늘날 지구촌은 자살 열병에 걸려있다 해도 과언이 아닐 것입니다. 중앙일보 2003년 9월 12일자에 의하면 지금 전 세계에서 40초마다 한 명씩 스스로 목숨을 끊는 등 자살 '바이러스'가 맹위를 떨치고 있다는 것입니다. 세계보건기구(WHO)와 국제자살방지협회(International Association for Suicide Prevention : IASP)는 지난 10일 제1회 '세계 자살방지의 날'을 제정, 자살에 대한 사회적 경각심을 촉구하고 나섰다는 것입니다.

이 자살이 교통사고와 재난, 질병에 이어 13번째로 많은 사망자를 낸 주요 사인(死因)으로 집계됐다고 발표했습니다. 15~44세 사망자의 사인 가운데 자살은 네 번째에 달한다고 합니다.

해마다 자살로 목숨을 잃는 사람들도 급증했습니다.

디에고 데레오 IASP 회장은 "2000년 전 세계에서 약 81만 5천 명이 스스로 목숨을 끊은 것으로 추정된다"고 밝혔습니다.

자살 동기도 천차만별입니다. 복지 시스템이 잘 갖춰진 선진국에선 주로 알코올중독, 가정불화, 무력감 등 때문에 자살하는 것으로 세계보건기구(WHO)는 분석했습니다. 스위스에선 1999년 자살 건수(1천3백건)가 교통사고에 의한 사망 건수(5백16건)를 누르는 등 자살이 압도적인 사망 요인으로 자리 잡았습니다. 일본은 하루 평균 1백여 명이 자살하는 '자살 천국'이라는 오명에 시달리고 있습니다. 90년대 이후 계속된 장기침체로 대량 실업이 발생하면서, 무능력자로 몰려 체면이 깎였다고 생각하는 일본인들이 우울증에 시달리다 자살 유혹을 많이 받는 것으로 전문가들은 분석했습니다. 홍콩에선 1997년 중국에 편입된 이래 경기 하락으로 부동산 값, 주가 폭락이 이어져 빚더미에 파묻힌 서민들이 자살 행렬에 뛰어들고 있다고 합니다. 동구권에서는 장기 실업에 따른 생활고가 자살의 가장 큰 원인이었다고 합니다.

한편 경제협력개발기구(OECD)보고서에 의하면, 지난 90년대 말을 기준으로 회원국의 청장년층의 자살률을 조사한 결과, 뉴질랜드가 인구 10만 명 당 13.6명꼴로 가장 높았고, 그 다음은 아일랜드(10.3명)와 핀란드(9.9명)순이었다고 합니다.

같은 선진국이라도 미국은 자살률이 매우 낮은 것으로 나타나 주목됩니다. 지난 2001년 미국 질병통제예방센터가 99년 사망자 239만 명을 대상으로 사인을 조사한 결과, 약 30%가 심장병으로, 그리고 23%가 암으로 숨진 것으로 나타났습니다. 각종 사고로 숨진 사람은 전체 사망자의 4%였고 자살률은 1%에 불과했다고 합니다.

세계보건기구에 의하면 자살의 90%는 정신적 문제 때문이지만, 중국의 경우는 37%가 일상생활의 압박이나 절망에서 비롯된 것으로 조사됐습니다. 중국의 자살자 가운데 절반은 단 2시간의 결심으로 이를 감행하는 것으로 조사됐습니다.

WHO와 IASP가 밝힌 인도의 자살 실태도 놀랍습니다. 매년 10만 명이 목숨을 끊고 있는데 이 중 20-40세 연령층이 대부분을 차지합니다. 14세 이하의 어린이도 4-5천명이나 됐습니다. 자살미수 건수는 자살 건수보다 보통 6-20배가량 많았습니다. 밝혀진 자살 원인은 가정불화, 빚이 주요

인이었습니다. 밝혀지지 않은 자살원인의 50-60% 정도는 정신질환 때문인 것으로 추정되고 있습니다.

BBC방송에 따르면, 남아프리카 공화국에서는 시간당 1명꼴로 자살이 발생하고 있고 자살미수는 20여 건에 달한다고 합니다. 이 나라에서 자살은 3번째의 사인에 속합니다. 특히 자살자가 15-19세 연령층에서 집중 발생하고 있다고 합니다. 또한 성폭행을 당한 어린이, 에이즈에 걸린 사람들이 자살을 택하는 비율이 매우 높은 것도 특징입니다.

이와 같이 오늘날 자살의 양상은 다양하게 나타나고 있습니다. 우리 한국의 경우, 최근 몇 년 사이에 부산시의 고급 관료가 자살했고, 현대기업의 총수와 대우그룹의 고급간부가 그랬고, 나아가 수험생들, 특히 초등학생까지 자살하고 있습니다.

어떤 사람들은 자살행위를 영웅시 하나, 성경은 어떤 경우에도 자살은 안 되는 것으로 가르치고 있습니다. 성경에 사울 왕이 블레셋 사람에게 죽을 것이 겁이 나서 부하를 시켜서 자살을 했다는 이야기가 나오는데, 이 모두를 악한 것이라 말씀하고 있습니다(삼상 31장).

사도 바울도 사도행전 16:28에서 강력하게 자살을 저지하였습니다.

“바울이 크게 소리 질러 가로되 네 몸을 상하지 말라 우리가 다 여기 있노라 하니.”

우리가 알아야 할 것은, 자살하는 사람이 악한 일을 행한 것일 뿐 아니라 그를 도와준 사람도 살인을 한 것이라는 것입니다.

빌라도와 같이 권세의 자리에 있으면서 살인을 막지 않는 것도 살인입니다.

그러므로 우리의 생명은 하나님이 주신 것이기에 소중하게 여겨야 합니다. 성경은 정당한 의미에서 자기 사랑을 권하고 있습니다. 첫째는 하나님의 귀한 선물이기에 귀중히 여겨야 한다는 것이고, 두 번째는 남을 도우는 일을 하기 위하여 자기의 건강을 돌보아야 한다는 것입니다.

3. 이 계명은 이웃을 사랑하라는 적극적인 의미를 담고 있습니다.

성경에 말씀하기를, 살인하지 말라 한 것과 그 외에 계명들은 이웃을 사랑하라는 말씀에 들어 있다고 하였습니다. 사랑은 이웃을 존중하고 그에게 악을 행하지 아니하기 때문입니다(롬 13:9-10 참조).

그러기에 이 계명을 적극적으로 지키는 것은 바로 이웃을 사랑하는 데 있다고 생각합니다. 그러기 위하여 우리는 바른 인생관을 가지고 남을 대하고, 자신의 육정을 따르지 않고 성령의 인도를 따라 이웃을 사랑하여야 하겠습니다.

3-1. 우선 바른 인생관을 가져야 합니다.

우리가 생명을 존중히 여기기 위해서는 바른 인생관을 가져야 합니다. 최근에 와서 사람의 생명을 파리 죽이듯 살해하는 계를 여기저기에서 봅니다. 그 근본 원인이 어디에 있습니까? 그것은 바로 최근에 성행하고 있는 유물론적 사상 때문입니다.

이런 견지에서 보면 사람도 하나의 물건이요 도구입니다. 그러기에 사회적인 하나의 목적을 위해서는 죽여 버려도 좋다고 생각하는 것입니다. 공산주의가 바로 그런 사상으로 혁명을 이루기 위하여 마구 사람을 죽였습니다. 그리고 과거에 하나님을 두려워하지 않던 군사정권들이 그랬습니다. 또한 많은 현대인들은 돈을 벌기 위해서 사람을 마구 죽입니다.

앞에서도 말했지만 우리가 기억하여야 할 것은, 사람이 육체를 가졌지만 물질만은 아니요, 그 안에 하나님의 형상을 닮은 영혼이 있다는 것입니다. 이 영혼의 주인은 엄밀한 의미에서 하나님이십니다.

그러므로 이러한 생명을 살해하는 것은 하나님에게 대한 죄악인 것입니다. 이와 같은 기독교의 인생관을 가질 때만 이 생명을 경시하는 험악한 사회를 변화시켜 살 만한 사회를 만들 수 있을 것입니다.

3-2. 우리는 성령을 좇아 행하여야 합니다.

자연인은 그 감정이 자기중심적이며 자기의 감정을 자제하지 못합니다. 사람이 자기의 감정을 절제 못함으로 살인죄를 범하는 예가 얼마나 많습니까?

사람은 누구나 일시적으로 성을 낼 수 있습니다. 그러나 그것을 자제할 줄을 알아야 합니다. 성령의 열매 중 하나가 절제(self control)입니다.

알렉산더 대왕은 위대한 왕이었습니다. 그러나 그는 세계를 다스릴 줄은 알았지만 자기감정은 다스리지 못하였습니다. 그 한 예로, 그는 술좌석에서 자기 부하 가운데 한 사람이 갑자기 자기의 비위를 거스르는 말을 하였다고 하여 성을 내며 그 자리에서 창으로 찔러 죽였다고 합니다.

성경 말씀대로 마음을 잘 다스리는 자는 성을 빼앗는 장수브다 나은 것입니다(잠 16:32).

우리 그리스도인은 화가 나는 감정을 다스릴 수가 있어야 합니다. 그러나 인간 자신의 힘으로 이것이 됩니까? 이는 하나님의 은혜로 가능한 것입니다. 그러므로 우리는 성령을 좇아 행하여야 합니다(갈 5:16).

3-3. 이웃을 사랑하여야 합니다.

이 계명의 이면에는 나 자신과 다른 사람의 생명을 위하여 좋은 일을 해야 할 의무를 말해주고 있다는 것을 깨달아야 합니다. 나 자신과 이웃을 사랑하여야 한다는 것을 강력하게 말씀하는 것입니다.

우리들은 자신의 생명을 보전하도록 노력하여야 합니다. 특히 자신의 영혼을 잘 보존하여야 합니다. 그러기 위해서는 자기의 건강을 해치는 것들을 피하여야 합니다. 예를 들어서, 과음, 음란, 흡연 등을 피하여야 합니다.

또 영혼의 평안을 위하여 주님을 성실히 믿음으로 섬기고, 건강을 위하여 적절한 운동 같은 것을 하여야 합니다.

나아가, 다른 사람과 사회의 삶의 풍요를 위하여 공헌하여야 합니다. 그러기 위하여 슬픔에 잠긴 사람을 위로하며, 사랑하고, 그들의 영혼이 하늘나라의 소망을 가지고 살 수 있도록 전도하여야 합니다. 이웃을 사랑하여야 합니다.

주님은 로마서 12:17-21에서 바울을 통하여 말씀하십니다.

"아무에게도 악으로 악을 갚지 말고 모든 사람 앞에서 선한 일을 도모하라 할 수 있거든 너희로서는 모든 사람으로 더불어 평화하라 내 사랑하는 자들아 너희가 친히 원수를 갚지 말고 진노하심에 맡기라 기록되었으되 원수 갚는 것이 내게 있으니 내가 갚으리라고 주께서 말씀하시니라 네 원수가 주리거든 먹이고 목마르거든 마시우라 그리함으로 네가 숯불을 그 머리에 쌓아 놓으리라 악에게 지지 말고 선으로 악을 이기라."

하루는 짧은 것 같으나 내일은 또 다가옵니다.

간음하지 말라

출애굽기 20:14
간음하지 말지니라.

마태복음 5:27-28
또 간음치 말라 하였다는 것을 너희가 들었으나,
나는 너희에게 이르노니 여자를 보고 음욕을 품는 자마다
마음에 이미 간음하였느니라

고린도전서 6:15, 19-20
너희 몸이 그리스도의 지체인 줄을 알지 못하느냐
내가 그리스도의 지체를 가지고 창기의 지체를 만들겠느냐
결코 그럴 수 없느니라 … 너희 몸은 너희가 하나님께로부터 받은바
너희 가운데 계신 성령의 전인 줄을 알지 못하느냐
너희는 너희의 것이 아니라. 값으로 산 것이 되었으니
그런즉 너희 몸으로 하나님께 영광을 돌리라.

간음하지 말라

오늘 우리가 생각하게 될 제 7계명은 신성한 가정을 보전하기 위하여 주신 하나님의 계명입니다. 가정은 하나님께서 우주를 창조하실 때 주신 제도로서 대단히 귀중합니다. 하나님은 가정을 통하여 자녀를 양육하고, 사회의 문화를 창조하고 저장하도록 만드셨고, 또한 하나님을 섬기는 작은 교회로 여기신 것입니다.

그러므로 가정은 신성합니다. 가정은 남녀가 성으로 결합함으로 이루어집니다. 그러기에 성(sex)관계는 부부에게 주어진 하나님의 선물입니다. 따라서 부부는 성의 순결을 지켜야 합니다.

그런데 유대인들이 이방인들의 습관을 따라 성의 순결을

지키지 않아, 가정과 사회가 파괴되는 일이 일어났습니다. 이에 하나님께서 신성한 가정을 잘 보존하기 위하여 남편과 아내에게 정조를 지키라는 계명을 주신 것입니다. 이를 소극적으로 표현하여 '간음하지 말라', 다시 말하면 신성한 결혼생활을 훼방하지 말라고 경고하신 것입니다.

1. 성(sex)은 부부관계에 주어진 하나님의 선물입니다.

1-1. 성 자체가 악한 것은 아닙니다.

성 자체가 나쁜 것은 아닙니다. 성욕 자체를 죄악시 하는 것은 불교나 일부 신비주의자들의 주장입니다. 기독교에서는 그렇게 보지 않습니다. 식욕이나 성욕 같은 관능적인 욕구 자체는 죄가 아닙니다. 죄의 여부는 그것을 어떻게 사용하느냐에 달려 있습니다.

성경은 디모데전서 4:4-5에서 말씀하시기를, "하나님의 지으신 모든 것이 선하매 감사함으로 받으면 버릴 것이 없나니 하나님의 말씀과 기도로 거룩하여짐이니라"고 하였습니다.

성은 하나님께서 가정에 부여하신 선물로서 자녀를 낳는 방편인 동시에 부부의 결합과 즐거움을 위하여 주신 선물입니다. 그러나 기억할 것은 바로 '부부에게' 주어진 선물이라는 것입니다.

음식을 먹을 때에 식욕이 있기에 우리는 감사합니다. 그러나 식욕은 나의 것, 곧 합법적인 음식에 대해 사용하고 즐기게 되어 있습니다. 식욕이 생긴다고 남의 것을 도적질하여 먹으면 안 됩니다. 마찬가지로, 좋다고 하여 부부 사이 아닌 관계에서 성행위가 이루어져서는 안 된다는 것입니다.

1-2. 성을 오용함으로 가정과 사회가 파괴되고 있습니다.

우리는 역사의 한편에서 이루어지고 있는 성적 방랑시대를 목격하게 됩니다. 요즈음 젊음이들이 서로 좋아하면 성행위도 자유로이 할 수 있다는 생각을 하는 듯한데, 이는 잘못된 것입니다. 또한 동성연애도 안 됩니다. 저는 얼마 전에 한국의 인권위원회가 동성연애자를 정당화하고 보호하는 결정을 낸 것을 보고 놀랐습니다. 이처럼 현대는 성적 방랑시대라고 부를 정도로 문란해졌습니다. "내가 좋으면 그 무엇이건 한다"는 현대인들의 정서 때문입니다. 이는 포스트모더니즘(post-modernism)의 영향을 받은 사람들의 사고방식입니다. 최근 청소년의 성도덕, 미성년자 성폭행 등

등의 단면들이 그것을 보여줍니다. 사람들은 향락에 도취하여 성적 범죄를 저지르고 있습니다. 이것이 가정의 파괴와 사회질서를 문란하게 만드는 큰 원인이 되고 있습니다.

또 어떤 이들은 성행위를 종교적 행사로 가장하여 성적 문란을 초래하기도 합니다. 예를 들어서, 옛날 가나안 땅에 성행하던 바알 종교가 그 한 예입니다. 그 당시에 바알신은 다산을 주관하는 신이었고, 특히 비를 관장하던 신이었습니다. 사람들은 바알 종교에 있어 풍요로운 수확이 이루어질 수 있는 관건은 바알신과 그의 배우자인 아세라 여신의 성적인 결합에 있다고 믿었습니다. 이러한 생각으로 인해 바알 종교에서는 신전에 창기를 두는 것을 제도화했고, 바알 신전에서 종교의식이라는 미명 하에 바알신과 아세라신의 행위를 모방하여 음행을 행하였습니다. 한국에서 피가름을 한다하며 문선명 종교에서 이루어지는 음행도 그와 유사한 예일 것입니다.

우리는 하나님은 그런 음행을 증오하신다는 것을 알아야 합니다. 신명기 27장 20절과 23절을 보면, 저주받아 마땅한 죄로서 우상숭배와 함께 기록되고 있는 죄가 바로 성과 관계되는 범죄였습니다. 이것은 성의 순결이 하나님의 백성에게 얼마나 강조되었는가 하는 것을 잘 보여 주고 있는 것입니다.

성적으로 대단히 문란하고 타락했었던 옛 소돔 고모라 성을 불로 멸하신 사건이 창세기 19장에서 증언되고 있는 것도 그 증거 중 하나입니다.

근대에 와서는, 로마의 폼페이가 로마 제국 부유층의 휴양도시로서 사치와 영화를 누리며 성적으로 문란하고 타락했었습니다. 그런데 주후 79년에 이탈리아의 베수비우스 화산이 폭발하여 이 문란한 도시가 완전히 화산재로 묻혀버렸습니다. 하나님은 성적인 문란을 증오하시는 것입니다.

최근에는 세계가 20년 전만해도 알지도 못했던 후천성 면역결핍증(AIDS)이라는 불치의 질병이 퍼지면서 사람들이 공포에 떨고 있습니다. 이 병도 그 원인의 대부분이 성적 문란으로 인한 것이라고 합니다. 우리는 우리 사회의 성 문란을 걱정하며 하나님의 제 7계명을 경청하여야 하겠습니다.

2. 누가 간음한 자입니까?

2-1. 남의 성적 순결을 침해하는 것이 간음입니다.

먼저 간음이라는 히브리어는 '나이프'에서 비롯된 말로

서, 남녀를 불문하고 결혼한 사람이 불법적으로 성적 순결을 까뜨리는 것을 가리킵니다. 이를 뒷받침하는 것으로 제7계명에 대한 해설을 레위기 18:1-20, 20:10에서 하고 있습니다.

구약의 레위기 18:1-20을 읽어보겠습니다.

"여호와께서 모세에게 일러 가라사대 너는 이스라엘 자손에게 고하여 이르라 나는 여호와 너희 하나님이라 너희는 그 거하던 애굽 땅의 풍속을 좇지 말며 내가 너희를 인도할 가나안 땅의 풍속과 규례도 행하지 말고 너희는 나의 법도를 좇으며 나의 규례를 지켜 그대로 행하라 나는 너희의 하나님 여호와니라 너희는 나의 규례와 법도를 지키라 사람이 이를 행하면 그로 인하여 살리라 나는 여호와니라 너희는 글육지친을 가까이하여 그 하체를 범치 말라 나는 여호와니라 네 어미의 하체는 곧 네 아비의 하체니 너는 범치 말라 그는 네 어미인즉 너는 그의 하체를 범치 말지니라. 너는 계모의 하체를 범치 말라 이는 네 아비의 하체니라 너는 네 자매 곧 네 아비의 딸이나 네 어미의 딸이나 집에서나 타처에서 출생하였음을 물론하고 그들의 하체를 범치 말지니라 너는 손녀나 외손녀의 하체를 범치 말라 이는 너의 하체니라. 네 계모가 네 아비에게 낳은 딸은 네 누이니 너는 그 하체를 범치 말지니라 너는 고모의 하체를 범치 말라 그는 네 아비의 골육지친이니라 너는 이모의 하체를 범치 말라 그는 네 어미의 골육지친이니라 너는 네 아비 형제의 아내를 가까이하여 그 하체를 범치 말라 그는 네 백숙모니라 너는 자부의 하체를 범치 말라 그는 네 아들의 아내니 그 하체를 범치 말지니라 너는 형제의 아내의 하체를 범치 말라 이는 네 형제의 하체니라 너는 여인과 그 여인의 딸의 하체를 아울러 범치 말며 또 그 여인의 손녀나 외손녀를 아울러 취하여 그 하체를 범치 말라 그들은 그의 골육지친이니 이는 악행이니라 너는 아내가 생존할 동안에 그 형제를 취하여 하체를 범하여 그로 투기케 하지 말지니라 너는 여인이 경도로 불결할 동안에 그에게 가까이하여 그 하체를 범치 말지니라 너는 타인의 아내와 통간하여 그로 자기를 더럽히지 말지니라."

이러한 언급은 공동체와 연관되어 있는 것으로, 결혼은 하나님이 정하신 것으로서 하나님의 창조의 질서 안에 있는 제도라는 것을 상기시키고 있습니다. 성관계는 결혼, 곧 가정에 속한 것입니다. 그러므로 구약에 나타나는 계명에는 만약에 남자가 미혼녀와 성 관계를 가지면 그는 반드시 그 여자를 아내로 맞이하게 되어 있었습니다.

하나님 앞에서 서약한 결혼관계를 해친다는 것은 큰 죄입니다. 그러므로 성적 접촉을 통해 다른 사람의 결혼생활을 훼방하는 것은 큰 죄이며, 그렇게 하는 행위가 곧 간음인 것입니다.

이에 대하여 레위기 20:10에서 엄한 형벌을 예고하고 있습니다.

"누구든지 남의 아내와 간음하는 자 곧 그 이웃의 아내와 간음하는 자는 그 간부와 음부를 반드시 죽일지니라."

2-2. 이혼으로 가정을 파괴하는 것도 간음입니다.

앞에서도 언급한 대로 결혼관계를 해친다는 것은 큰 죄입니다. 그러므로 성적 접촉을 통해 다른 사람의 결혼생활을 훼방하는 것도 죄일 뿐 아니라, 이혼으로 가정을 파괴하는 것도 큰 죄라고 예수님께서는 간음에 대하여 깊은 해설을 하고 계십니다.

예수님은 마태복음 19:8-9에서 말씀하십니다.

"예수께서 가라사대 모세가 너희 마음의 완악함을 인하여 아내 내어 버림을 허락하였거니와 본래는 그렇지 아니하니라 내가 너희에게 말하노니 누구든지 음행한 연고 외에 아내를 내어 버리고 다른 데 장가드는 자는 간음함이니라."

주님은 마가복음 10:11-12에서도 말씀하십니다.

"누구든지 그 아내를 내어 버리고 다른 데 장가드는 자는 본처에게 간음을 행함이요 또 아내가 남편을 버리고 다른 데로 시집가면 간음을 행함이니라"(마 5:31-32, 16:18 참조).

이와 같은 예수님의 말씀은, 그 당시 유대 바리새파 중 힐렐파 사람들이 남자가 아내를 쉽게 버릴 수 있는 구실들을 만들어 이혼을 합리화시키는 예를 보시고, 함부로 이혼할 수 없음을 강조하신 것입니다. 즉 하나님께서 이혼하는 자를 미워하신다는 것과(말 2:16), 율법에서 이혼을 허용하는 것(신 24:1, 막 10:4)은 바로 아내가 결혼 관계를 파괴시키는 음행을 행하였을 때에만 해당된다는 것을 강조하신 것입니다.

그러면서 주님은 결혼에 대하여 다음과 같이 말씀하셨습니다.

"너희 마음의 완악함을 인하여 이 명령을 기록하였거니와(곧 이혼 증서를 써주어 내어 버리기를 허락하였으나) 창조시로부터 저희를 남자와 여자로 만드셨으니 이러므로 사람이 그 부모를 떠나서 그 둘이 한 몸이 될지니라 이러한즉 이제 둘이 아니요 한 몸이니 그러므로 하나님이 짝지어 주신 것을 사람이 나누지 못할지니라"(막 10:5-9).

그런데 오늘날에 이런 저런 이유로 이혼하여 가정을 파괴시키는 경우가 얼마나 많습니까?

한국의 예를 들어 봅시다. 2004년 3월 31일자 국민일보에 보도된 것을 보면, 한국에서 2003년도에 304,900쌍이 결혼을 하였고, 167,000쌍이 이혼을 하였다고 합니다. 이는 하루 평균 8,354쌍이 짝을 맺고 4,575쌍이 이혼한 것입니다. 그런데 2003년의 이혼건수는 2002년보다 21,800쌍이(15%) 증가한 수치라고 합니다. 그리고 부부가 갈라지는 사유로는 성격차이(45.3%), 경제문제(16.4%)가 가장 많았고, 그 다음으로는 고부 간의 갈등 등 가정불화(13%), 배우자 부정(7.3%)의 순이었습니다.

이런 상황에서, "누구든지 음행한 연고 외에 아내를 내어버리고 다른 데 장가드는 자는 간음함이니라"고 하시면서 이 계명을 지킬 것을 명령하시는 주님의 말씀을 경청하며 범죄를 저지르지 말아야 하겠습니다. 우리들은 가정의 건전성을 성실히 지켜야 하겠습니다.

2-3. 여자를 보고 음욕을 품는 것도 간음입니다.

예수님은 마태복음 5:27-28에서 말씀하였습니다.

"또 간음치 말라 하였다는 것을 너희가 들었으나 나는 너희에게 이르노니 여자를 보고 음욕을 품는 자마다 마음에 이미 간음하였느니라."

이 말씀 또한 예수님께서 간음에 관하여서 깊이 있는 해설을 하고 계시는 것입니다. 주님께서는 간음은 밖으로 나타난 행위만이 아니며, 그 마음에 여자를 보고 음욕을 품으면 이미 간음하였다고 말씀하시는 것입니다. 이것은 유대인의 토라의 교훈을 능가하는 것입니다. 왜냐하면, 사람이 그 마음에 상대방의 성을 침해하겠다고 마음에 의지적 결정, 계획을 했다면, 기회만 있으면 실제로 범하게 되었을 것이기 때문입니다. 특히 히브리어에서 동사는 현재, 과거, 미래의 구분이 없습니다. 그러므로 현재는 이미 했다고 간주할 수 있는 것입니다. 그러므로 사람이 도덕적인 범주를 벗어나 마음에 성의 접촉을 갖고자 의지적 결정을 하였다면 그는 이미 행한 것이나 다름이 없다고 보는 것입니다.

이 점에 있어 예수님의 교훈은 유대인의 토라의 교훈을 능가하는 것 이상입니다. 예수님은 "여자를 보고 음욕을 품는 자마다 마음에 이미 간음하였느니라"고 하셨는데, 여기서 사람의 아내가 아니라 여자라는 단어를 사용하심으로 간음하는 자의 범위를 확대하고 있는 것입니다. 다른 말로 표현하면, 간음이란, 구약에서처럼 남의 아내에 한정되는 것이 아니라, 다른 여자, 곧 유부녀든 처녀든 간에 다른 여자와의 성관계를 가리키는 것이라는 의미입니다. 예수님께서는 하나님의 본 뜻이 일부다처제도가 아니라 일부일처제도로 보시며, 간음문제를 그러한 관점에서 접근하신 것입니다(막 10:2-5 참조).

그렇다고 주님께서 "여자를 보고 음욕을 품는 자마다 마음에 이미 간음하였느니라"고 하신 말씀을 잘못 이해함으로서 불필요하게 괴롬을 당하지는 말아야 합니다.

제7- 1962년에 미국 에모리 대학교에서 공부하고 있을 때, 기숙사에서 석사 과정을 공부하고 있는 한 청년과 함께 지냈습니다. 그 청년은 아주 신앙이 좋은 청년이었습니다. 매일 아침 우리는 함께 성경을 보고 기도하는 경건의 시간을 가졌습니다. 하루는 그 청년이 아주 괴로워하면서 기도를 부탁하는 것이었습니다. 이야기인즉, 자기는 대학교 캠퍼스에서 짧은 치마를 입은 여학생들과 마주치거나 혹은 그 옆을 지나칠 때에 성적 충격을 느끼는데 이것이 바로 주님이 말씀하시는 간음죄가 아니냐는 것이었습니다. 그는 눈물을 흘리며 괴로워하였습니다. 참으로 그는 하나님 앞에서 깨끗이 살려고 노력하는 청년이었습니다. 그 때 나는 그에게 물었습니다. "그래 그런 성적 충격이 올 때 어떻게 하였소? 마음에 그녀와 성 접촉을 하겠다는 의지결정을 하였소?" 그는 펄쩍 뛰면서 대답합니다. "아니지요. 그 순간 나는 마음속으로 '주여!' 하며 유혹을 물리치곤 했지요." 그 말을 들은 나는 그에게 "그러면 당신은 간음죄를 범한 것이 아닙니다"라고 위로하며 기도하여 주었습니다.

앞에서 말하였거니와, 주님이 "여자를 보고 음욕을 품는다(have a lust after her. ἐπιθυμῆσαι-ἐπιθυμέω)"라고 하신 말씀의 뜻은 그 여자와 성 접촉하려고 의지적 결정을 하는 것을 의미하는 것입니다. 그러니까 간음죄가 성립하느냐 안 하느냐는, 성적 자극이 생길 때 그것을 어찌어찌 행하겠다고 의지적으로 결정하는 데 따르는 것입니다.

그 청년의 경우처럼, 그러한 상황에서 생리적인 자극이나 충동을 느끼는 것은 자연스러운 것이기도 합니다. 예를 들어서, 배고픈 청년이 있는데 옆에서 불고기의 냄새를 풍기며 차려진 음식을 보는 순간 생리적으로 먹고 싶은 충동을 받는 것이 당연한 것이 아니겠습니까? 그러나 음식을 훔쳐 먹겠다는 의지 결정을 하지 않는 한 그의 충동 자체를 죄로 볼 수는 없는 것입니다. 그러한 점에서, 그 충동 자체를 죄로 보고자 하는 불교의 죄관과 기독교의 죄관은 구분되는 것입니다.

어떤 사람은 그리스도인은 모든 악에 관한 생각(a thought of evil)이나 기질에서 해방된다고 주장합니다. 물론 사람이 처음 은혜를 받았을 때 그렇게 느낄 수는 있겠으나 이는 지나친 주장입니다. 이와 관련하여 존 웨슬리가 했던 '방황하는 생각들 (*Wandering Thoughts*)' 이라는 유명한 설교를 참고할 수 있습니다. 존 웨슬리는 말하기를, 자신의 의지와 상관없이 떠오르거나 스쳐가는 느낌이나 생각들은 죄라고 부르기 어렵다고 했습니다. 내 의지로 결단을 내린 악한 생각(an evil thought)이 내적인 죄에 속한다고 하였습니다. 그러면서 웨슬리는 그리스도인은 그런 방황하는 생각이 악한 생각이 되지 않도록 언제나 자기의지(마음)를 잘 지켜야 한다고 권고했습니다.

그렇습니다. 특히 방황하는 성적 생각이나 자극은 유혹으로 변하며 우리가 범죄를 저지르기 쉽게 하기에, 우리는 그럴 때다다 기도와 하나님의 말씀으로 유혹을 물리쳐야 합니다.

성경에 말씀하기를, "하나님의 지으신 모든 것이 선하매 감사함으로 받으면 버릴 것이 없나니 하나님의 말씀과 기도로 거룩하여짐이니라"(딤전 4:4-5)고 하였습니다.

성도는 다음의 성경 말씀을 기억해야 합니다.

고린도전서 6장 15, 19-20절입니다.

"너희 몸이 그리스도의 지체인 줄을 알지 못하느냐 내가 그리스도의 지체를 가지고 창기의 지체를 만들겠느냐 결코 그럴 수 없느니라… 너희 몸은 너희가 하나님께로부터 받은바 너희 가운데 계신 성령의 전인 줄을 알지 못하느냐 너희는 너희의 것이 아니라 값으로 산 것이 되었으니 그런즉 너희 몸으로 하나님께 영광을 돌리라."

말씀을 맺겠습니다.

예수님의 말씀에서 우리가 또 하나 기억할 것이 있습니다. 구약에서는 간음한 자는 반드시 죽임을 당하리라 하였습니다만(레 20:10), 주님은 간음죄도 용서를 받을 수 있다고 하신 것입니다. 사도요한이 증거한 대로 율법은 모세로 말미암아 주시고 은혜는 예수 그리스도로 말미암아 온 것입니다(요 1:17).

예수님은 요 8:1-11에서 간음하는 현장에서 잡혀 온 여인을 향하여, 모세 율법에서는 돌로 쳐 죽이라고 했던 것을 언급하시면서 당신 앞에 끌려 나온 여인을 용서하시고 말씀하시기를, "다시는 죄를 짓지 말라"고 하였습니다.

그렇습니다. 율법은 우리의 죄를 고발합니다. 그러나 주님은 자기 앞으로 나오는 자를 용서하시고 새 삶을 주십니다. 성도 여러분! 여기에 복음이 있습니다. 하나님 앞에 모세의 율법의 고발을 받아 죄책을 느끼시는 것이 있습니까? 기억하세요. 이는 우리를 용서하시고 새 삶을 주시고자 성령께서 깨우침을 주시는 것입니다. 주님 앞에 나오십시오.

가정적인 모든 상처를 치유하시길 원하시는 하나님께서는 간음하지 말라고 강력하게 명령하셨습니다. 야곱의 딸 디나가 성폭행을 당하자 그 형제들이 세겜 왕에게 보복하는 사건에서 보듯이 간음사건으로 인한 큰 상처를 아시는 하나님은 무엇보다 가정의 치유를 원하고 계십니다. 롯과 그 딸들 간에서 비정상적으로 태어난 모압과 암몬족을 보면서도 하나님은 마음 아파하셨습니다.

하나님은 우리로 하여금 가정의 순결을 통한 행복감을 느끼도록 하기 원하십니다. 창세기의 아담과 하와를 통한 일부일처제도의 정립에서 행복감과 가정의 순결성 유지의 의지를 볼 수 있습니다.

그러나 그것이 파괴되어 괴로워하는 가정의 모습을 보고 하나님은 예수 그리스도 안에서 그 상처들이 치유되는 길을 열어 놓으신 것입니다. 가정을 통한 행복감이 성적인 순결을 통하여 지속되고, 또한 예수 그리스도 안에 있는 은혜를 통하여 회복되어서 넘쳐나기를 기원합니다.

성경은 요한일서 1장 9절에서 약속합니다.
"만일 우리가 우리 죄를 자백하면 저는 미쁘시고 의로우사 우리 죄를 사하시며 모든 불의에서 우리를 깨끗케 하실 것이요."

도적질하지 말라

출애굽기 20:15
도적질하지 말지니라.

도적질하지 말라

하나님은 십계명의 "살인하지 말라"는 제 6계명에서 생명의 소중함을 말씀하셨고, "간음하지 말라"는 제 7계명에서는 가정의 신성함을 말씀하셨습니다. 그리고 이제 살필 제 8계명 "도적질하지 말라"에서는 사회생활에서 정직하게 살라는 말씀을 하십니다. 신자는 정직하게 살고 하나님이 그어 놓으신 경계선을 잘 지키며 살아야 한다는 것입니다. 그런데 오늘날 사회에는 도둑이 너무나 많습니다. 때론 신자도 예외가 아닌 것 같습니다.

한 우화가 생각납니다. 어느 날 닭과 개 사이에 논쟁이 붙었습니다. 닭이 먼저, 개와 닭을 내려다보고 있는 하늘의 달에게 개에 대하여 고발을 합니다. "달님, 요즘 개가 통 짖지를 않고 직무유기를 하고 있습니다." 그랬더니 개도 달에게 닭을 고발합니다. "달님, 직무유기를 하기는 닭도 마찬가지입니다. 저 닭이 새벽에 통 울지를 않습니다." 그들의 고발을 들은 달이 닭과 개에게 각각 변명의 기회를 주었습니다. 먼저 닭이 변명합니다. "내가 새벽에 우는 것은 사람들을 잠에서 깨워 일터로 나가게 하기 위함인데, 요즘에는 사람들이 전부 손목에 시계를 차고 있고, 더구나 각자 핸드폰 모닝콜이 있을 뿐 아니라, 방에는 자명종 시계가 있어서 내가 새벽에 울면 시끄럽게 운다고 오히려 잡아먹힐까봐 새벽에 울지 않고 있습니다." 이를 듣고 있던 개도 변명을 합니다. "내가 짖는 이유는 집에 도적이 들어오는 것을 방지하기 위한 것입니다. 그런데 우리 집 주인이 바로 도적이란 말입니다. 그런데 내가 어떻게 짖습니까?"

요즈음 검찰에 불려가는 사람들을 보십시오. 도적질하는 사람도 도적이지만 도적을 잡는 사람도 알고 보면 도적이니, 오늘의 세상에는 도적 아닌 사람이 없는 듯합니다. 이 세상에는 도적이 널려 있습니다. 그래서 이 세상에는 평안이 없습니다. 사람들은 불안해하고 괴로워합니다. 이에 하나님이 명하십니다. "도적질하지 말라."

동서고금을 막론하고 도적질을 용납하는 사회는 없습니

다. 어느 사회이든지 도적질은 사회적인 범죄로 규정되고 있습니다. 주전 18세기에 제정된 함무라비 법전도 강도를 포함하여 도적질을 한 사람을 사형에 처하도록 규정하고 있습니다. 이슬람 세계에서도 도적질한 사람에 대하여 손을 잘라버리는 가혹한 형벌을 내리고 있습니다.

그럼에도 불구하고 도적질은 끊어지지 않고 있습니다. 그리하여 구약의 선지자 호세아나 예레미야나 에스겔은 한결같이 도적행위에 대하여 책망하였습니다(호 4:2, 렘 7:8, 겔 22:29).

이에 우리는 다시 한번 하나님의 계명에 귀를 기울여야 하겠습니다. "도적질하지 말지니라."

1. 도적질이란 어떤 것입니까?

도적질이란 내게 속하지 않은 것을 허락 없이 취하는 행위, 곧 하나님이 정해 주신 경계선을 넘는 것입니다. 나아가, 남에게 있어야 할 것들을 못 갖게 하는 것입니다. 도적질은 경제 질서를 파괴하고 사회의 기강을 무너뜨리는 범죄입니다.

이종윤 목사가 그의 글에서 도적질에 대해 열거한 것 중

에 몇 가지 예를 들어 보겠습니다(이종윤, 『십계명』, 필그림 출판사, 2002, pp.110f)

첫째, 남의 돈 또는 물건을 빼앗는 행위입니다. 이는 이웃의 경계선을 범하는 행위입니다. 요즘에 그런 일, 곧 절도, 강도 행각이 얼마나 많습니까?

둘째, 도적질을 직간접적으로 도와주는 행위입니다. 자신이 직접 도적질을 하지 않더라도, 도적질하는 개인을 도와주거나 옹호해 주는 행위입니다.

셋째, 근무 시간을 남용하거나 약속시간을 오용하는 행위입니다. 사무실에서 7시간 근무하게 되어 있는데, 그 가운데 뎟 시간을 딴 일로 놀았다면 그는 근무시간을 도적질한 것입니다. 이런 개념은 미국 사회에서 철저히 지켜지고 있는 듯합니다.

넷째, 남의 평안을 뺏는 행위도 도적질하는 것입니다. 다른 사람의 특권을 존중하여 주지 않고 무례하게 행동하여서 그를 불안하게 하고 그에게 있는 평안을 앗아가는 많은 경우들이 있지 않습니까?

남의 이름을 도용하여 괴로움을 주는 것은 명예를 도적질하는 것입니다.

다섯째, 사람을 납치하는 유괴범이 있습니다. 돈을 갈취하기 위하여, 혹은 자기에게 아기가 없어서 남의 집 아이를 훔치는 행위입니다.

마지막으로, 하나님의 것을 도적질하는 행위입니다. 말라기 3:8 이하를 보면, 선지자가 지적하는 말씀이 있습니다.

"사람이 어찌 하나님의 것을 도적질하겠느냐 그러나 너희는 나의 것을 도적질하고도 말하기를 우리가 어떻게 주의 것을 도적질하였나이까 하도다 이는 곧 십일조와 헌물이라."

십일조의 사상은 세상의 모든 것이 하나님의 것이라는 신앙에 기초하여 출발합니다. 예레미야 25:23에 "땅도 하나님의 것이요", 시편 50:10에 "산과 들의 모든 짐승도 하나님의 것이요"라고 하였습니다. 하나님은 존재하는 것, 모든 것의 주인이 되십니다.

그러므로 신자는 소유하고 있는 모든 것을 하나님께서 주신 선물로 인정합니다. 따라서 하나님을 향한 감사의 표시로 하나님께 되돌려 드린다는 것이 십일조의 정신입니다.

레위기 27:30에서 말씀합니다.

"땅의 십분 일 곧 땅의 곡식이나 나무의 과실이나 그 십분 일은 여호와의 것이니 여호와께 성물이라"

그러므로 신자 중에는 십일조를 드리지 않음으로 하나님의 것을 도적질하는 범죄를 행하고 있는 사람들이 있는 것입니다.

그러고 보니 도적질하지 않은 사람이 그 누구입니까? 십계명은 범죄하고 있는 우리를 고발하는 것입니다. 이런 말씀에 비추어 자신을 성찰하고 하나님께 나아가게 되기를 바랍니다.

2. 도적질한 자는 어떻게 하여야 합니까?

2-1. 구약 시대에는 배상의 법이 적용되었습니다.

절도죄에 관한 구약의 규정을 보면 일반적인 절도에는 '배상의 법'이 적용되었습니다. 출애굽기 22:4을 보면, 훔친 짐승을 가지고 있는 경우에 본래의 주인에게 갑절로 배상을 하도록 했습니다. 그리고 출애굽기 22:1을 보면, 훔친 짐승을 팔아버렸거나 죽여 없앤 경우에는 소는 5배, 양은 4배로 배상하도록 규정했습니다. 또한 출애굽기 21:2-6을 보면, 배상할 경제력이 없는 경우에는 종으로 팔려가야 했습니다. 그리고 종으로 팔려간 사람은 제 7년이 되는 해에 종의 신분에서 해방되도록 하는 제도적 장치를 마련하고 있었습니다(면죄면 제도, 참고 신 15:12-18). 나아가, 사람을 훔치는 유괴범의 경우는 사형의 형벌을 규정하고 있습니다. 출애굽기 21:16을 보면, "사람을 후린(납치한) 자가 그 사람을 팔았든지 자기 수하에 두었든지 그를 반드시 죽일지니라"고 했습니다(신 24:7 참고).

이와 같이 성경은 도적질한 것에 대하여 죄목을 따라 보상하라고 명령하고 있습니다.

2-2. 우리는 회개의 열매를 맺도록 하여야 합니다.

2-2-1. 회개하고 용서를 받아야 합니다.

신약에 와서, 하나님은 은혜로 임하여 그저 우리가 범한 도적질의 죄를 회개하고 믿음으로 예수님께 나오면 용서하여 주신다고 말씀하고 있습니다.

요한일서 1:9에서 말씀하십니다.

"만일 우리가 우리 죄를 자백하면 저는 미쁘시고 의로우사 우리 죄를 사하시며 모든 불의에서 우리를 깨끗케 하실 것이요."

성도 여러분! 그러므로 우리는 우리를 용서하시고자 하시는 하나님의 사랑에 호응하여 도적질한 죄를 회개하고 용서를 받아야 하겠습니다.

2-2-2. 회개의 열매를 맺도록 하여야 합니다.

그러나 용서받은 신자는 회개의 열매를 맺어야 함을 간과해서는 안 됩니다. 도적질해온 것에 대해 적절한 보상을 하여야 합니다. 그래야 하나님이 기뻐하십니다. 또한 자신에게 평강이 깃듭니다. 예를 들어, 가능한 한, 해당되는 사람에게 가서 고백을 하여야 합니다. 시험 때에 부정행위를 한 학생은 회개하고 선생에게 가서 고백한 뒤 교수의 처결을 기대하여야 할 것입니다.

또한 그 동안 하나님께 십일조를 드리는 것을 이행하지 않았다면, 이를 뉘우치고 성실히 십일조를 드리도록 하여야 합니다.

주님은 마태복음 23:23에서 말씀합니다.

"화 있을진저 외식하는 서기관들과 바리새인들이여 너희가 박하와 회향과 근채의 십일조를 드리되 율법의 더 중한 바 으와 인과 신은 버렸도다 그러나 이것도 행하고 저것도 버리지 말아야 할지니라."

말라기 3:9-10에서 말씀하십니다.

"너희 곧 온 나라가 나의 것을 도적질하였으므로 너희가 저주를 받았느니라 만군의 여호와가 이르노라 너희의 온전한 십일조를 창고에 들여 나의 집에 양식이 있게 하고 그것으로 나를 시험하여 내가 하늘 문을 열고 너희에게 복을 쌓을 곳이 없도록 붓지 아니하나 보라.”

이는 우리를 축복하시기를 원하시는 하나님의 권면입니다. 우리 모두 십일조를 실행하기를 바랍니다.

구약은 두 가지 종류의 십일조를 말하고 있습니다. 곧 성전에 바치는 성전 십일조와 경제적 약자를 위하여 드리는 ‘구제십일조’ (신 14:28-29, 신 26:12-15)입니다. 성경은 경제적으로 도움을 받아야 할 레위인, 객, 고아, 과부를 위한 구제를 ‘성물’ 이라고 부르고 있습니다. 성전에 바치는 십일조뿐만 아니라 가난한 자에게 주는 것 역시 하나님께 드리는 것과 같다는 것입니다.

오늘날 일부 기독신자 중에 십일조란 더 이상의 의미가 없다고 생각하는 사람이 있는지 모르겠습니다만, 그것은 그렇지 않습니다. 오늘날도 최소한 십분의 일은 하나님께 바쳐 감사를 표현하는 것은 당연한 일이며 신자의 의무입니다.

3. 이 계명은 열심히 일하라는 적극적 의미를 담고 있습니다.

이 계명이 도적질을 금하고 있는 데는 도적질이 경제 질서를 파괴한다는 근거 이상 더 깊은 근거에서입니다. 곧 도적질을, 일하지 않고 부당하게 불로소득을 취하는 행위로 보기 때문입니다. 그러므로 이 계명이 지니고 있는 적극적 면은 열심히 일하라는 것을 담고 있는 것입니다.

창세기 1장을 보면, 일이란 본래 하나님께서 천지창조에서 본을 보이신 것이라는 것과, 사람은 일하면서 살도록 되어진 것을 알게 됩니다. 그에 따라 내 것과 네 것의 경계선이 그어진 것이고, 이를 존중하여야 하는 것입니다.

그리하여 성경은 데살로니가전서 4:11에서 "종용하여 자기 일을 하고 너희 손으로 일하기를 힘쓰라"고 말씀하고 있고, 데살로니가후서 3:10에서 "누구든지 일하기 싫어하거든 먹지도 말게 하라"고 말씀하고 있습니다.

또한 에베소서 4:28에서는 "도적질하는 자는 다시 도적질하지 말고 돌이켜 빈궁한 자에게 구제할 것이 있기 위하여 제 손으로 수고하여 선한 일을 하라"고 권면하고 있습니다.

거짓 증거하지 말라

출애굽기 20:16
네 이웃에 대하여 거짓 증거하지 말지니라

야고보서 3:1-12
내 형제들아 너희는 선생 된 우리가 더 큰 심판
받을 줄을 알고 많이 선생이 되지 말라 우리가 다
실수가 많으니 만일 말에 실수가 없는 자면 곧 온
전한 사람이라 능히 온 몸도 굴레 씌우리라 우리
가 말을 순종케 하려고 그 입에 재갈 먹여 온 몸
을 어거하며 또 배를 보라 그렇게 크고 광풍에 밀
려가는 것들을 지극히 작은 키로 사공의 뜻대로
운전하나니 이와 같이 혀도 작은 지체로되 큰 것
을 자랑하도다 보라 어떻게 작은 불이 어떻게 많
은 나무를 태우는가 혀는 곧 불이요 불의의 세계
라 혀는 우리 지체 중에서 온 몸을 더럽히고 생의
바퀴를 불사르나니 그 사르는 것이 지옥 불에서
나느니라 여러 종류의 짐승과 새며 벌레와 해물
은 다 길들므로 사람에게 길들었거니와 혀는 능
히 길들일 사람이 없나니 쉬지 아니하는 악이요
죽이는 독이 가득한 것이라 이것으로 우리가 주
아버지를 찬송하고 또 이것으로 하나님의 형상대
로 지음을 받은 사람을 저주하나니 한 입으로 찬
송과 저주가 나는도다 내 형제들아 이것이 마땅
치 아니하니라 샘이 한 구멍으로 어찌 단 물과 쓴
물을 내겠느뇨 내 형제들아 어찌 무화과나무가
감람 열매를 포도나무가 무화과를 맺겠느뇨 이와
같이 짠 물이 단 물을 내지 못하느니라

거짓 증거하지 말라

우리는 지난번에 십계명의 제 8계명을 상고하였습니다. 도적질하지 말라는 계명입니다. 곧 하나님이 그어주신 경계선을 범하지 말라는 것, 남의 것을 허가 없이 빼앗지 말라는 것, 남의 행복을 방해하거나 빼앗지 말라는 것, 하나님께 드릴 십일조를 안 드림으로써 하나님의 것을 도적질하지 말라는 것입니다.

오늘 우리가 상고할 제 9계명은 "네 이웃에 대하여 거짓 증거하지 말지니라"는 계명입니다.

곰곰이 생각하여 보면 거짓말이 얼마나 무서운 것입니까! 그런데 이 사회는 마치 거짓말 천지인 듯 싶습니다. 전에 한창 '무인 시대' 라는 대하드라마를 보았던 적이 있는데, 거기 나오는 장면들을 보면 그저 거짓말투성이입니다. 서로 거짓말을 합니다. 동지들끼리도 거짓말입니다. 결국은 거짓말 때문에 살인이 벌어지고 맙니다. 이는 마치 오늘날 사회에서 벌어지고 있는 양태를 보여 주는 듯했습니다.

이에 하나님은 거짓말은 악한 것이니 이웃에 대하여 거짓 증거하지 말라고 명하십니다. 본문에 나오는 히브리어 '뵈레아카' 라는 단어는 '네 이웃을 해하려고 거짓 증언을 하지 말라' 는 뜻으로, '네 이웃에 대하여 거짓으로 반응하거나 대답하지 말라' 는 것, 곧 거짓말로 남을 압제하거나 괴롭히거나 창피를 주거나 경멸하지 말라는 의미입니다.

1. 거짓말은 마귀에게서 나오는 것입니다.

1-1. 인류의 처음 비극도 거짓말로 시작되었습니다.

으리는 에덴동산에서 행복하게 살고 있는 아담과 하와에게 사단이 와서 거짓말을 함으로 시작되었던 인류 최초의 비극을 너무나도 잘 압니다. 하나님께서는 창세기 2:17에서 아담에게 이르시되, "선악을 알게 하는 나무의 실과는 먹지 말라 네가 먹는 날에는 정녕 죽으리라"(창 3:3)고 하였습니다. 그런데 창세기 3:4-5에 보면, 뱀, 곧 사탄은 여자에게 이르되, "너희는 결코 죽지 아니하리라 너희가 그것을 먹는 날에는 너희 눈이 밝아 하나님과 같이 되어 선악을 알 줄을 하나님이 아심이라"고 거짓말을 합니다.

결국 이 거짓말은 하와와 아담을 유혹하고 타락케 하여 인류에게 비극을 초래했습니다. 처음 거짓말을 한 자는 마귀인 것입니다. 이에 대하여 주님은 요한복음 8:44에서 말씀하십니다.

"너희는 너희 아비 마귀에게서 났으니… 저는 처음부터 살인한 자요 진리가 그 속에 없으므로 진리에 서지 못하고 거짓을 말할 때마다 제 것으로 말하나니 이는 저가 거짓말쟁이요 거짓의 아비가 되었음이니라."

이와 같이 거짓말은 마귀에게서 나오는 것입니다. 그러므로 거짓말하는 사람은 마귀의 자식이 되는 것입니다.

1-2. 거짓증거로 예수님을 십자가에 못 박게 하였습니다.

인간적으로 볼 때, 둘째 아담이신 예수님께서 십자가에 달리신 것도 거짓 증거에 의해 정죄된 것이었습니다.

예루살렘의 대제사장과 유대인의 공회인 산헤드린이 예수를 죽이기로 작정했을 때 그들은 거짓 증인을 구했습니다. 당시 유대인의 증인 제도에 따르면, 사람을 사형에 처하기 위하여서는 복수 증인이 필요했습니다. 이 때 두 명의 증인이 나서서, 예수가 예루살렘 성전을 헐고 사흘만에 다시 지을 수 있다는 말을 했다고 증언하였습니다. 이에 근거하여 대제사장 가야바는 예수를 사형에 처형하기에 충분하다고 생각하였고, 유대인의 공회는 예수님을 사형에 처할 것을 결정하였던 것입니다(마 26:59-62, 막 14:55-65).

이와 같이 마귀는 하나님의 일을 방해하기 위하여 거짓말을 이용합니다. 우리는 이를 경계하여야 합니다.

1-3. 거짓말의 결과는 오랜 여운을 남깁니다.

거짓말은 다른 죄와는 달리 그 결과가 오랜 여운을 남깁니다. 일단 거짓말이 퍼져 해를 끼치고 나면 그 거짓말이 미친 영향을 완전히 없앤다는 것은 거의 불가능합니다.

어느 농가의 아낙네가 온 마을에 자기 교회의 목사님에 대해 비방하는 이야기를 퍼뜨렸습니다. 그 동네 사람들이 그 말을 듣고 거기에 따라 그릇되게 행동을 하게 되었습니다. 거짓말의 영향은 참으로 큰 것입니다. 그 후에 그녀는 자기의 잘못을 깨닫고 목사님께 고백하고 용서를 빌었습니다. 목사님은 "내가 시키는 대로만 하면 다 용서하겠습니다. 암탉 한 마리를 잡아, 털을 뽑고 그 털을 거두어 오십시오."라고 했습니다. 그래서 그녀는 가서 닭을 잡고 털을 뽑았지만, 바람에 날아간 털들을 도저히 다 거둘 수는 없었습니다. 그 말을 들은 목사님은 그녀에게 말했습니다. "그렇습니다. 내가 당신을 기꺼이 용서는 하리다만, 당신이 퍼뜨린 거짓말로 인해 가해진 손상을 없이한다는 것은 마치 바람에 날아간 닭털들을 다시 모아오는 것만큼 불가능하다는 사실을 잊지 마십시오."

이와 같이 거짓말로 인한 결과는 오래 가는 것입니다. 마귀가 하와에게 한 거짓말의 결과가 크고 오래 갔듯이 말입니다. 그러하기에 우리는 거짓말을 대수롭지 않은 것으로 여겨서는 안 됩니다.

미국 사회에서는 거짓말을 아주 중한 죄라고 생각합니다. 닉슨 대통령은 거짓말을 한 것 때문에 대통령직에서 물러나지 않았습니까? 그런데 한국 사회에서는 여전히 거짓말을 대수롭지 않은 죄라고 생각하는 듯 합니다.

1-4. 성경은 거짓말을 중하게 취급하고 있습니다.

성경을 보면, 거짓을 말하는 자는 하나님의 저주를 받게 되어 있습니다. 성경말씀 몇 군데를 찾아보십시다.

"거짓 행하는 자가 내 집 안에 거하지 못하며 거짓말하는 자가 내 목전에 서지 못하리로다"(시 101:7).

"무엇이든지 속된 것이나 가증한 일 또는 거짓말하는 자는 결코 그리로 들어오지 못하되 오직 어린 양의 생명책에 기록된 자들뿐이라"(계 21:27).

"모든 거짓말하는 자들은 불과 유황으로 타는 못에 참여하리니 이것이 둘째 사망이라"(계 21:8).

"그러므로 나 주 여호와가 또 말하노라 너희가 허탄한 것을 달하며 거짓된 것을 보았은즉 내가 너희를 치리라 나 주 여호와의 말이니라"(겔 13:8).

그러므로 주님은 마태복음 5:37에서 말씀하십니다.

"으직 너희 말은 옳다 옳다 아니라 아니라 하라 이에서 지나는 것은 악으로 좇아 나느니라."

2. 거짓말을 하지 않도록 주의하여야 하겠습니다.

2-1. 공적 증거에 있어서 거짓 증거는 치명타를 줍니다.

우리가 사회생활을 하면서 국가의 법정에서 증거할 경우가 있다면, 거짓 증거를 하는 일이 없도록 하여야 합니다.

그러나 이런 경우에 거짓 증거를 하는 경우가 얼마나 많습니까! 성경의 예를 들면, 아합 왕의 아내 이세벨은 나봇의 포도원을 빼앗기 위해서 거짓 증인들을 세워 나봇이 하나님과 왕을 저주하였다고 하여 그를 돌로 쳐 죽이고 포도원을 빼앗았습니다(왕상 21장). 또한 초대 교회의 스데반이 순교한 것도 결국 거짓증거에 의한 것이었습니다(행 7장). 한국의 법정에서도 특히 군사 독재정권하에 얼마나 많은 사람들이 거짓증거에 의하여 투옥되곤 하였습니까!

기억할 것은 법정에서 거짓증언을 하는 것은 인간 당사자만 속이는 것이 아니라 하나님을 속이는 것이 된다는 것입니다. 법정은 하나님의 공의를 인간 사회에서 대행하는 기관이기 때문입니다. 또한 공적 증거에 있어서 거짓이 없어야 공정한 법정의 재판이 가능합니다. 나아가 공정한 재판을 해야 국가의 질서와 기강이 서게 됩니다.

그래서 옛날 아테네에서는 위증하는 자에게서 시민권을 박탈하였다고 합니다.

성경은 잠언 19:9에서 경고합니다.

"거짓 증인은 벌을 면치 못할 것이요 거짓말을 내는 자는 망할 것이니라."

2-2. 일반 언행에서 거짓이 없도록 주의하여야 하겠습니다.

사람들은 아무렇지도 않게 자주 거짓말을 합니다. 가끔

왜 그렇게 사람들이 거짓말을 하는가 생각하게 되는데, 결국은 사람의 마음속에 '자만'이라는 죄성이 있어서 그런 것 같습니다.

무엇보다, 사람들은 자기를 자랑하고 싶어서 거짓말을 합니다. 예를 들어, 자기 아들이 학교에서 어떤 시험에서 일등을 하면 그 아이의 엄마는 "우리 아들이 전교에서 일등이라고" 과장해서 말하는 경우가 그러한 부류일 것입니다.

또 사람들은 어떤 것을 알되 부분적으로밖에 모르면서도 누가 물으면 다 안다고 말하곤 합니다. 제가 서울신학대학에 몸담고 있을 때, 각 신학대학 대항 배구대회가 있었습니다. 교회 식구들도 많이 왔습니다. 대회를 마치고 돌아오는 길에 어떤 분과 함께 이야기를 나누게 되었는데, 내가 서울신학대학에 있다고 하니까 그는 대뜸, "아, 서울신대 학장님이 조종남 박사지요. 내가 그 분을 잘 압니다."라고 말하는 것입니다. 바로 내가 조종남인데 말입니다. 이처럼 아는 척하고 싶어하는 것이 사람의 마음입니다.

전에 과학을 공부하는 학생들의 고백을 들은 적이 있습니다. 그들은 학위 논문을 쓰기 위해 주어진 가설을 실험실에서 연구를 통해 입증하여야 합니다. 그래서 실험실에 여러 날 거하며 계속 실험을 하는데, 가설대로라면 모두 일직선

으로 나와야 할 데이터가 그렇게 나오지 않고 예상과 달리
한 군데에서 차이 나게 나오는 경우가 있다는 것입니다. 그
럴 때, 그 결과를 무시하고 일직선으로 데이터를 정리하여
논문을 종결할 때가 있다는 것입니다. 그렇게 작성된 논문
은 거짓말로 꾸며진 논문이 아니겠습니까.

인간 역사에서도 얼마나 많은 경우에 분명치도 않은 것을
'그렇다'고 단정하면서 남을 정죄하고, 또는 죽이곤 합니
까? 니버(R. Niebuhr)는 말하기는 이런 것이 바로 지식의
교만(intellectual pride)으로서 죄의 본질의 일면이라고 지
적했습니다.

이러한 거짓말은 마치 손바닥으로 하늘을 가리려는 것과
같습니다. 우리는 압니다. 죄는 언젠가는 폭로되고 만다는
것을. 우리는 잘못이나 오류를 숨기는 거짓말의 죄를 범하
지 말고 진솔하게 고백하여 용서를 받아야 할 것입니다.

2.3. 거짓말로 남을 중상모략하지 말아야 합니다.

사람들은 남을 모략하기 위하여 유언비어를 함부로 만들
어 전합니다. 이 세상에는 허망한 유언비어로 인해 재해가
생겨나는 일이 종종 있습니다.

1924년에 일본 동경에 대지진이 일어났을 때, 어떤 사람

이 한국인이 불을 놓았다고 풍설을 돌렸습니다. 그리하여 한국인들이 무참히 학살을 당했지요. 옛날 로마에서도, 네로 황제가 불을 질러 놓은 뒤 기독교인이 불을 놓았다고 뒤집어 씌워 수많은 기독교인들을 죽이고 박해한 일이 있었습니다. 역사적으로 이런 일들은 참으로 많습니다. 중상모략 하는 거짓말은 아주 나쁜 것입니다.

출애굽기 23:1은 말씀합니다. "너는 허망한 풍설을 전파하지 말며 악인과 연합하여 무함하는 증인이 되지 말며."

나아가, 남의 허물을 말하는 것도 이웃을 해치는 거짓증거임을 알아야 합니다. 왜 사람들은 그렇게 남의 허물을 뒤에서 쑥덕대는지 모르겠습니다. 주님은 말씀하시기를, "남을 비판하지 말라"고 경고하시면서, 너희 눈에는 들보가 있는데 어찌하여 형제의 눈의 티를 빼고자 하느냐 먼저 네 눈의 들보를 빼어 놓고 밝히 보면서 다른 형제들의 티를 뽑아주어라(눅 6:41-42)고 하셨습니다.

사도 바울은 갈라디아서 6:1에서 "사람이 만일 무슨 범죄한 일이 드러나거든 신령한 너희는 온유한 심령으로 그러한 자를 바로잡고 네 자신을 돌아보아 너도 시험을 받을까 두려워하라"고 하셨습니다.

한경직 목사님은 권고하기를, 남의 허물을 말하는 경우에는 먼저 세 가지 질문을 하고 통과한 때에만 그리 하라고 하였습니다. 첫째, 이 이야기가 사실인가? 둘째, 내가 이 이야기를 타인에게 하는 것이 잘하는 것인가? 셋째, 이 이야기를 꼭 해야겠는가? 이러한 세 가지의 문을 통과하기 전에는 다른 이의 허물을 말하지 말라고 하셨습니다. 또 말씀하시기를, 남의 허물을 열심히 듣기 좋아하는 것도 이 계명의 공범자로 간주할 수밖에 없다고 했습니다.

성경은 시편 101:5에서 경고합니다.

"그 이웃을 그윽히 허는 자를 내가 멸할 것이요 눈이 높고 마음이 교만한 자를 내가 용납지 아니하리로다."

3. 우리의 입술이 깨끗함을 받아야 하겠습니다.

이 말씀을 듣는 가운데 느끼시는 것이 무엇입니까? 우리는 얼마나 거짓 증거를 하였습니까? '나는 이 계명에 걸리는 것이 하나도 없다'고 할 자가 과연 누구입니까?

이렇게 자성하는 가운데, 나는 이사야 선지자의 기도를 기억합니다. 이사야 6:1-8에 나오는 내용입니다. 이사야 선지자가 성전에 올라가 기도할 때, 그는 거룩한 하나님의 환상을 보았습니다. 스랍들이 "거룩하다 거룩하다" 하는 노래를 부릅니다. 이때에 이사야 선지자는 자신의 입술이 더럽다는 것을 깨달았습니다. 그 때에 그는 "화로다 나여 망하게 되었도다. 나는 입술이 부정한 사람이요 입술이 부정한 백성 중에 거하면서 만군의 여호와이신 왕을 뵈었음이로다"(사 6:5)고 고백하였습니다.

이 시점에서 여러분이 깨닫는 것은 무엇입니까? 여러분의 고백은 무엇입니까?

이사야가 이처럼 회개할 때 그는 정결함을 받았습니다. 그는 다음과 같이 말합니다. "스랍의 하나가 화저로 단에서 취한 바 핀 숯을 손에 가지고 내게로 날아와서 그것을 내 입에 대며 가로되 보라 이것이 네 입에 닿았으니 네 악이 제하여졌고 네 죄가 사하여졌느니라"(사 6:6-7).

이처럼 우리의 입술은 성령의 불로 깨끗함을 받아야 합니다. 입술이 정결하여야 합니다. 우리의 입술이 정결해져야 다른 사람을 해치지 않고 그들을 위로하며 축복할 수가 있습니다. 그때에야 복음의 증인이 될 수가 있습니다.

우리의 입술이 성령의 불로 정결해지는 은혜를 받아야 하겠습니다. 그리하여 우리는 진리의 증인이 되어야 합니다. 진리에 대한 침묵은 거짓말하는 것과 같습니다. 마땅히 말하여야 할 것을 자기에게 불리하다고 하여서 침묵해버리는 비굴한 자가 되지 마시기를 바랍니다.

에베소서 4:25에서 말씀하십니다. "그런즉 거짓을 버리고 각각 그 이웃으로 더불어 참된 것을 말하라."

이 점에서 우리가 심각히 생각하고 지나가야 할 것이 있습니다. 신자는 예수님이 인류의 구원자, 구주인 것을 알고 믿는 사람입니다. 그럴진대, 신자라면 예수님이 구주라고 증언하여야 한다는 것입니다.

순교자들은 주님에 대한 질문에 침묵하지 않았습니다. 담대히 증거하였습니다. 그러므로 이 9계명은 진실과 허위, 침묵과 외침 사이에서 머뭇거리고 주저하는 오늘날의 현대인들에게 심각하고 귀중한 계명의 말씀으로 다가오는 것입니다.

네 이웃의 것을 탐내지 말라

출애굽기 20:17
네 이웃의 집을 탐내지 말지니라
네 이웃의 아내나 그의 남종이나 그의 여종이나 그의 소나
그의 나귀나 무릇 네 이웃의 소유를 탐내지 말지니라

네 이웃의 것을 탐내지 말라

오늘은 십계명 강해의 마지막입니다. 십계명은 하나님의 백성이 지켜야 할 계명입니다. 1계명으로부터 4계명까지는 하나님을 향하여 신자가 지켜야 하는 것에 관한 것입니다.

1계명) 여호와 하나님만 섬기고 다른 신을 섬기지 말라는 것입니다.

2계명) 따라서, 우상을 만들지 말라는 것입니다. 창조주를 섬길 것이지, 피조물을 우선순위에 두면 안 된다는 말씀입니다.

3계명) 하나님의 이름을 망령되이 일컫지 말라는 것입니다. 하나님의 이름이 거룩히 여김을 받도록 하여야 합니다.

4계명) 안식일을 기억하고 거룩히 지키라 하셨습니다. 7

일 중에 하루, 곧 우리 생의 일부는 온전히 하나님을 위하여 바쳐야 합니다.

그리고 제 5계명부터 제 10계명은 사람 관계에서 지켜야 할 것에 대한 말씀입니다.

5계명) 부모를 공경하라고 명하셨습니다. 대인 관계에서의 기초가 바로 부모와 자식의 관계입니다.

6, 7, 8계명) 행동으로 하여서는 안 될 일을 말씀하셨습니다. 곧 살인, 간음, 도적질을 하면 안 된다고 명하고 있습니다.

9계명) 말에 대한 주의를 주고 있습니다. 곧 거짓증거하지 말라고 하셨습니다.

10계명) 마지막 제 10계명에서는 마음에 관한 계명을 주시고 계십니다. 곧 남의 것을 탐내지 말라는 것입니다.

이제 우리는 이 열 번째 계명에 대하여 살펴보겠습니다.

1. 남의 것을 탐내는 것은 죄요, 멸망의 길입니다.

제 10계명은 마음에 관련된 계명입니다. 따지고 보면, 모든 행동은 마음에서 나오는 것이 아닙니까? 마음이 행동과 말의 근원입니다. 그러기에 이 계명은 그 근원을 다스리라는 말씀입니다.

잠언 4:23에서 말씀하였습니다. "네 마음을 지키라 생명의 근원이 이에서 남이니라."

그러기에 이는 마음에 일어나는 탐심을 버리라는 것을 뜻합니다. 탐심이라는 말은 보통 말하는 '그저 원한다든가(욕망, desire) 또는 부러워하는 것(envy)'과는 구별됩니다. 사람이 보다 좋은 것을 부러워하고, 또한 자기의 발전을 위하여 욕망을 갖는 것은 악하다고 할 수가 없습니다. 탐심이란 히브리어로 베차(betsa), 헬라어로는 'πλεονεξία', 그리고 영어로는 'covetousness'로 번역한 말입니다. 그 뜻은 곧 남의 것에 대한 욕심, 아니 남의 것을 움켜쥐고자 하는 마음입니다. 폭력으로 남의 것을 얻고자 하는 마음을 가리킵니다.

1-1. 많은 사람이 탐심 때문에 멸망합니다.

한국의 속담에 '사촌이 땅을 사면 배가 아프다'는 말이 있듯이, 일반적으로 어린이나 청년들이나 어른들이나 간에 대부분의 사람들은 남이 잘되는 것을 못 봐주는 듯합니다. 천진난만한 어린이들이라 할지라도 역시 그 마음 가운데 탐심이 자리잡고 있는 것을 보게 되지 않습니까? 어떤 아이는 자기에게 공정하게 배당된 과자를 손에 쥐고 있으면서도 다른 아이 손에 있는 과자를 엿봅니다. 그리고 그것이 더 많지 않냐고 하면서 그것을 움켜쥐려고 합니다.

오래 전에 미국에서 있었던 일입니다. 헨리에타 개럿(Henrietta Garrett)의 이야기입니다. 헨리에타는 혼자 산 여인으로서 생전에 친구도 별로 없었습니다. 그런데 그는 유언 한 마디도 없이 1,700만 달러나 되는 돈을 남겨 놓은 채 81세를 일기로 죽었습니다. 이로 인하여서 역사상 가장 놀라운 유산 소송 사례가 생겨났습니다. 그에게는 오직 팔촌 친척 한 명과 소수의 친구가 있었을 뿐인데, 무려 2,600명드 넘는 사람들이 그녀와 인척 관계라며 유산 상속 권리를 주장하고 나섰던 것입니다. 갑자기 엄청나게 많은 친척들이 생긴 셈입니다. 자칭 친척이라고 하는 이 사람들은 무려 47개 주에서 몰려왔습니다. 미국 본토뿐만 아니라 세계 29개국에서 몰려왔다고 합니다. 그리하여 무려 3,000명 이상의 변호사들이 그들을 위해 변호에 나섰다는 것입니다.

결국 무엇입니까. 이 모두 헨리에타의 재산을 탐냈기 때문이었습니다. 사람은 탐심 때문에 거짓말을 하는 것입니다. 탐심 때문에 도적질도 합니다. 또한 탐심 때문에 살인도 합니다. 그리고 결국 파멸을 초래합니다.

야고보서 1:14-15에서 말씀합니다.

"오직 각 사람이 시험을 받는 것은 자기 욕심에 끌려 미혹됨이니 욕심이 잉태한즉 죄를 낳고 죄가 장성한즉 사망을 낳느니라."

성경 말씀대로 우리는 역사에서 탐심 때문에 죄를 짓고 망하는 사건을 너무나 많이 봅니다. 열왕기하 5장에서 엘리사의 종 게하시는 은과 의복을 탐냈습니다. 그래서 거짓말을 하고 나아만에게 선물을 받았다가 문둥병자가 되었습니다. 또한 열왕기상 21장을 보면, 유다의 아합 왕과 그의 아내 이세벨은 나봇의 포도원을 탐냈습니다. 그래서 거짓 증인을 세워 나봇을 죽이고 포도원을 빼앗았습니다(왕상 21장). 그러나 그들도 결국 처참한 최후를 당했습니다.

그리고 민수기 16장을 보면, 모세 때에 레위인으로서 성막 봉사직 최고위직에 오른 고라라는 사람과 그를 따르던 이스라엘 자손들의 총회에 참석한 족장 250명이 모세와 아론의 지위를 탐해서 일어난 사건이 나옵니다. 그들은 모세와 아론을 거스려 회중을 회막문에 집합시키고 제사장직을 달라고 반란을 일으키다가 결국 하나님의 진노를 받아 땅이 갈라져서 삼키운 바 되었습니다. 결국 불이 내려 그들 250인은 소멸되었습니다.

한편, 사무엘하 18장을 보면, 다윗의 셋째 아들 압살롬(삼하 3:3)은 아버지의 왕위를 탐해서 반란을 일으켜 흉악한 일을 꾀하였습니다. 그러다가 상황이 역전되어, 압살롬은 도망치다가 상투가 상수리 나뭇가지에 걸려 참혹한 죽음을 당했습니다(삼하 18:9).

이런 일들은 한국 역사에도 있었습니다. 한국의 조선 오백 년의 역사를 보십시오. 단종애사를 비롯하여 사색당파의 파쟁사를 읽어보면, 권세, 지위에 대한 탐심으로 말미암아 얼마나 많은 피가 흘려졌습니까?

국제적으로도 마찬가지입니다. 그 예로서, 일본은 한국과 만주 그리고 중국까지 삼키려고 하였습니다. 그러나 그 탐심 때문에 결국은 패하고 말았습니다.

우럽의 히틀러는 다른 나라를 삼키려하다가 결국은 망하고 말았습니다. 이는 당시 최고 국력의 독일을 몰락 직전의 지경에까지 이르게 하였습니다. 이와 같이 개인이든 나라든 탐심에 끌려가다가는 망하는 길밖에 없습니다.

1-2. 성경은 탐심을 강하게 경고합니다.

베드로후서 2:14 하반절을 보겠습니다. "탐욕에 연단된 마음을 가진 자들이니 저주의 자식이라."

이사야 57:17에서 말씀합니다.

"그의 탐심의 죄악을 인하여 내가 노하여 그를 쳤으며 또 내 얼굴을 가리우고 노하였으나 그가 오히려 패역하여 자기 마음의 길로 행하도다."

성도 여러분! 이런 탐심은 성도의 가슴에도 들어오기 쉽습니다. 그러므로 우리는 탐심을 물리쳐야 합니다.

성경은 에베소서 5:3에서 말씀합니다.

"탐욕은 너희 중에서 그 이름이라도 부르지 말라 이는 성도의 마땅한 바나라."

누가복음 12:15에서 예수님도 말씀하셨습니다.

"저희에게 이르시되 삼가 모든 탐심을 물리치라 사람의 생명이 그 소유의 넉넉한 데 있지 아니하니라."

2. 어떻게 하여야 이 계명을 잘 지킬 수 있습니까?

2-1. 우선 자족할 줄 알아야 합니다.

한번 생각하여 보십시다. 사람은 왜 남의 것을 탐냅니까?

여기서 우리가 깨달아야 할 중요한 것이 있습니다. 곧 사람은 모두 '자기 정체성'이라는 공통된 끈으로 연결되어 있다는 사실입니다. 그리고 탐욕의 심장부에는 분명하고 궁

정적인 자아상의 결여라는 문제가 도사리고 있다는 것입니다. 탐욕은 무엇보다도 긍정적인 자아상의 결여에서 옵니다.

나의 정체성이 어디에서 형성됩니까? 나의 존재 가치와 의의가 어디에 있는 것입니까?

이는 나에게 생명과 사명을 주신 하나님과의 관계, 그리고 공동체와의 언약 관계에서 형성되는 것임을 기억하여야 합니다. 나의 존재 가치는 물질에 있는 것이 아닙니다.

이에 예수님은 누가복음 12:16-21에서 비유로 말씀하셨습니다.

"또 비유로 저희에게 일러 가라사대 한 부자가 그 밭에 소출이 풍성하매 심중에 생각하여 가로되 내가 곡식 쌓아 둘 곳이 없으니 어찌할꼬 하고 또 가로되 내가 이렇게 하리라 내 곡간을 헐고 더 크게 짓고 내 모든 곡식과 물건을 거기 쌓아 두리라. 또 내가 내 영혼에게 이르되 영혼아 여러 해 쓸 물건을 많이 쌓아 두었으니 평안히 쉬고 먹고 마시고 즐거워하자 하리라 하되 하나님은 이르시되 어리석은 자여 오늘 밤에 네 영혼을 도로 찾으리니 그러면 네 예비한 것이 뉘 것이 되겠느냐 하셨으니 자기를 위하여 재물을 쌓아 두고 하나님께 대하여 부요치 못한 자가 이와 같으니라."

그러면서 예수님은 누가복음 12:15에서 권고하십니다.

"삼가 모든 탐심을 물리치라 사람의 생명이 그 소유의 넉넉한 데 있지 아니하니라."

성도 여러분! 우리는 스스로의 정체성을 하나님과의 관계에서 찾아야 합니다. 그럴 때 우리는 하나님께서 지으신 모습 그대로의 나 자신에 대하여 만족하는 것을 배우게 됩니다. 그리고 하나님이 주신 소명에서 보람을 찾게 됩니다.

골로새서 3:3에서 '탐심은 우상'이라고 하였습니다. 탐심을 갖는 것은 곧 하나님 외의 곳에서 자기의 정체성과 보람을 찾으려는 것이기 때문입니다.

디모데전서 6:6-8에서 말씀합니다.

"그러나 지족하는 마음이 있으면 경건이 큰 이익이 되느니라 우리가 세상에 아무것도 가지고 온 것이 없으매 또한 아무것도 가지고 가지 못하리니 우리가 먹을 것과 입을 것이 있은즉 족한 줄로 알 것이니라."

독일의 신비주의자 타울러가 어느 날 길가에서 거지를 만나, "친구여, 하나님께서 오늘 당신에게 좋은 날을 주시기 바랍니다."고 말하였습니다. 그러자 그 거지는 대답하기를, "나는 하나님께서 한 번도 나쁜 날을 주시지 않은 것으로 인해 감사드립니다”고 했다고 합니다. 이번에는 타울러가 “친구여, 하나님께서 당신에게 행복한 인생을 주시기 바랍니다”고 했습니다. 그러자 거지는 “나는 내가 한 번도 불행하지 않은 것으로 인해 하나님께 감사드립니다”고 하였습니다. 너무 놀란 타울러가 그게 무슨 뜻이냐고 반문을 하니까, 거지가 이렇게 대답을 했다고 합니다. “날씨가 좋으면 날씨가 좋아서 하나님께 감사하고, 비가 오면 비가 와서 하나님께 감사하고, 먹을 것이 많으면 먹을 것이 많아서 하나님께 감사하고, 배가 고프면 배가 고파 하나님께 감사하지요. 그리고 하나님의 뜻이 곧 나의 뜻이므로, 하나님을 기쁘시게 하는 것이라면 무엇이든 나를 기쁘게 하지요. 이처럼 불행하지 않은데 내가 왜 불행하다고 말해야 한단 말이오?” 이 말을 듣고 감탄한 타울러가 그를 쳐다보며 물었답니다. “대처 당신은 뉘십니까?” 그러자 거지가 “나는 왕이오”라고 대답하였습니다. 타울러는 “당신의 왕국은 어디에 있습니까?”라고 물었습니다. 이에 그 거지는 대답하기를, “내 마음속에 있지요”라고 했다는 것입니다.

탐내는 것과 마찬가지로, 만족하고 자족하는 것 역시 마음에서부터 시작하는 것입니다. 평강과 자족은 우리가 갖고 있는 것들의 산물이 아니라, 우리가 누구이며 우리가 누구의 것인지를 아는 데서 오는 것입니다.

하나님과의 관계에서 자신의 정체성을 찾은 사도 바울은 그런 까닭에 감옥에 억울하게 갇혀 있으면서도 빌립보서 4:11-13에서 다음과 같이 말하였습니다.

"어떠한 형편에든지 내가 자족하기를 배웠노니 내가 비천에 처할 줄도 알고 풍부에 처할 줄도 알아 모든 일에 배부르며 배고픔과 풍부와 결핍에도 일체의 비결을 배웠노라 내게 능력 주시는 자 안에서 내가 모든 것을 할 수 있느니라."

우리는 알아야 합니다. 인생에 있어 마지막으로 필요한 것은 자기가 묻힐 땅 반 평 정도일 뿐이라는 것입니다.

톨스토이의 이야기 하나가 생각납니다. 큰 부자가 하루는 어떤 가난한 농부에게 와서, "당신이 지금부터 힘껏 뛰어서 내 농장을 돌고 오면 그 전부를 당신에게 주겠소"하고 말하였답니다. 욕심 많은 이 농부는 되도록 넓게 돌아서 많은 땅을 차지하려고 최대한 넓게 돌아서 해질 무렵에야 출발점에 돌아왔습니다. 그러나 불행하게도 너무 과로하였기에 지쳐서 그 자리에서 쓰러져 죽고 말았습니다. 그래서 사람들이 그를 장사하게 되었습니다. 그를 위하여 무덤을 파는 사람들이 "이 사람에게는 땅 반 평이면 넉넉하구먼!"이라고 하였다는 것입니다.

이것이 인생입니다. 그러므로 여러분은 골로새서 3:2에서 말씀하는 대로, 위엣 것을 생각하고 땅엣 것을 생각지 마시기 바랍니다.

야고보서 1:15에서도 말씀하였습니다.

"욕심이 잉태한즉 죄를 낳고 죄가 장성한즉 사망을 낳느니라."

2-2. 하나님이 주신 사명에 자부심을 가지고 진리를 증거하여야 합니다.

사랑하는 성도 여러분! 우리는 우리가 가진 것에 대하여 자족할 뿐만 아니라, 우리에게 생명과 사명을 주신 하나님을 믿는 가운데, 있는 처지에서 자부심을 가지고 살아야 합니다.

하나님은 우리 각자에게 귀한 생명과 아울러 사명을 주셨습니다. 우리는 그것을 위하여 각각 은사를 받았습니다. 이를 소중히 여기며, 자부심을 가지고 살아가야 합니다.

성경은 우리가 하나님의 동역자라고 말하고 있습니다(고전 3:9). 이 얼마나 놀라운 특권입니까? 그리스도의 몸을 세우기 위하여 하나님은 우리 각자에게 혹은 사도로, 혹은 선지자로, 혹은 복음 전하는 자로, 혹은 목사와 교사로 직분을 주시며 또한 은사를 주셨습니다(엡 4:11).

그러므로 우리는 각각 은사를 받은 대로 하나님의 각양 은혜를 맡은 선한 청지기같이 열심히 살아가야 합니다(벧전 4:11, 벧후 1:10).

옛날 이야기입니다만, 한번은 어떤 신사가 로마에 여행을 갔습니다. 아침에 호텔에서 나와서 골목길로 지나가다가 길모퉁이에 앉아서 돌을 쪼고 있는 석공 할아버지를 보았습니다. 오후에 돌아올 때도 그 할아버지는 여전히 그 자리에서 돌을 쪼고 있었습니다. 그 할아버지의 신세가 무척이나 안 되어 보였습니다. 그래서 동정하는 마음으로 신사는 "할아버지의 신세가 참으로 따분하군요" 하고 인사를 했답니다. 그랬더니 그 할아버지가 펄쩍 뛰면서, "그게 무슨 말입니까? 나는 지금 하나님의 성전을 건축할 돌을 쪼고 있는 것입니다. 이 얼마나 영광스러운 일입니까?"고 대답하였다고 합니다.

그렇습니다. 우리가 하는 일은 곧 하나님의 일에 참여하고 있는 것입니다. 그러기에 주어진 일을 소중히 여기며 그 일에 자부심을 가지고 열심히 일하는 우리 모두가 되기를 기원합니다.

십계명 결론:
율법과 은혜

로마서 3:19-28

우리가 알거니와 무릇 율법이 말하는 바는 율법 아래 있는 자들에게 말하는 것이니 이는 모든 입을 막고 온 세상으로 하나님의 심판 아래 있게 하려 함이니라 그러므로 율법의 행위로 그의 앞에 의롭다 하심을 얻을 육체가 없나니 율법으로는 죄를 깨달음이니라 이제는 율법 외에 하나님의 한 의가 나타났으니 율법과 선지자들에게 증거를 받은 것이라 곧 예수 그리스도를 믿음으로 말미암아 모든 믿는 자에게 미치는 하나님의 의니 차별이 없느니라 모든 사람이 죄를 범하였으매 하나님의 영광에 이르지 못하더니 그리스도 예수 안에 있는 구속으로 말미암아 하나님의 은혜로 값없이 의롭다 하심을 얻은 자 되었느니라 이 예수를 하나님이 그의 피로 인하여 믿음으로 말미암는 화목제물로 세우셨으니 이는 하나님께서 길이 참으시는 중에 전에 지은 죄를 간과하심으로 자기의 의로우심을 나타내려 하심이니 곧 이 때에 자기의 의로우심을 나타내사 자기도 의로우시며 또한 예수 믿는 자를 의롭다 하려 하심이니라 그런즉 자랑할 데가 어디뇨 있을 수가 없느니라 무슨 법으로냐 행위로냐 아니라 오직 믿음의 법으로니라 그러므로 사람이 의롭다 하심을 얻는 것은 율법의 행위에 있지 않고 믿음으로 되는 줄 우리가 인정하노라

십계명 결론:
율법과 은혜

지금까지 우리는 십계명을 상고하였습니다. 십계명은 하나님의 백성들이 지켜야 할 법도입니다. 사도 바울이 로마서 7:12에서 말하는 대로, 이 계명에 나타난 하나님의 법은 거룩하며 의로우며 선한 것입니다(holy, just and good). 그러므로 하나님의 백성은 하나님과의 관계에서, 그리고 신앙 공동체에서 이 법도를 지켜야 합니다.

그러면 십계명과 같은 율법과 은혜가 어떠한 관계에 있는가를 상고해 보고자 합니다.

1. 율법은 죄를 고발하며 우리를 그리스도의 은혜로 인도합니다.

지금까지 우리는 하나님께서 십계명을 통하여 우리에게 요구하시며 금하는 것들을 살펴보았습니다. 그런데 과연 그 계명들을 완벽하게 다 지켰다고 말할 수 있는 자가 있겠습니까? 분명 아무도 없을 것입니다.

이에 사도 바울은 로마서 3장에서 "그러므로 율법의 행위로 그의 앞에 의롭다 하심을 얻을 육체가 없나니 율법으로는 죄를 깨달음이니라"(20절)라고 말하였고, '의인은 없나니 하나도 없다' (롬 3:10)고 말한 것입니다.

그리고 보니 율법은 사람의 죄를 깨닫게 하는 것일 뿐 우리를 구원하지 못합니다. 율법의 행위로 구원받을 자는 없는 것입니다. 그러면 율법이 죄를 깨닫게 하는 일 외에 하는 것이 무엇입니까? 그리스도의 은혜로 우리를 인도하는 것입니다. 율법을 내신 하나님은 거룩하시며 의로우실 뿐 아니라 선하신 분, 곧 우리를 사랑하시고 살 길을 열어주시는 분이시기 때문입니다.

2. 예수 안에 구원이 있습니다.

2-1. 하나님은 율법 외에 새 언약을 마련하였습니다.

하나님은 율법 외에 하나님 앞에 의롭다하심을 받을 새 언약을 마련하였습니다. 이것이 로마서 3:21-22에 설명되어 있습니다.

"이제는 율법 외에 하나님의 한 의가 나타났으니 율법과 선지자들에게 증거를 받은 것이라 곧 예수 그리스도를 믿음으로 말미암아 모든 믿는 자에게 미치는 하나님의 의니 차별이 없느니라."

우리 그리스도인들은 율법을 넘어서 그리스도 안에서 의롭게 되는 축복을 받고 있는 것입니다.

로마서 3:25에 있는 말씀을 읽어 보겠습니다.

"이 예수를 하나님이 그의 피로 인하여 믿음으로 말미암는 화목제물로 세우셨으니 이는 하나님께서 길이 참으시는 중에 전에 지은 죄를 간과하심으로 자기의 의로우심을 나타내려 하심이니."

하나님은 예수님을 십자가에서 죽게 하심으로 화목제물 삼으시고 새 언약을 세우시어 그 근거를 마련하였습니다.

예수님의 십자가에서 우리는 하나님의 거룩한 의와 사랑

이 함께 나타난 것을 봅니다. 하나님의 의는 인류의 죄값을 예수님의 죽음에서 찾으시고 인류를 구원하는 사랑을 나타내신 것입니다. 로마서 3:26에서 "곧 이때에 자기의 의로우심을 나타내사 자기도 의로우시며 도한 예수 믿는 자를 의롭다 하려 하심이니라"고 한 말씀은 바로 그것을 의미하는 것입니다. 그리하여 율법의 고발로 죄 아래 있는 우리가, 우리 죄를 위하여 화목제물, 곧 새 언약이 되신 예수님의 십자가를 믿음으로 하나님의 용서를 받아 하나님 앞에 의롭다 함을 얻게 되는 것입니다. 우리는 이를 "예수 안에 있는 구속"(롬 3:24)이라고 칭합니다.

2-2. 우리는 하나님의 은혜로 인하여 믿음으로 말미암아 구원받습니다.

로마서 3:23-24을 보십시오. 우리는 하나님의 은혜로 구원을 받을 수 있게 되었습니다!

"모든 사람이 죄를 범하였으매 하나님의 영광에 이르지 못하더니 그리스도 예수 안에 있는 구속으로 말미암아 하나님의 은혜로 값없이 의롭다 하심을 얻은 자 되었느니라."

이 말씀은 우리 모두가 율법의 고발 아래 죄인이요, 하나님의 영광에 이르지 못하였었으나, 그리스도 예수를 믿음으로 의롭다함을 받게 되었다는 것입니다.

22절을 보십시오. "모든 믿는 자에게는 미치는 의니 차별이 없느니라."

이는 모든 사람을 위한 복음입니다. 사도 바울은 로마서 3:27-28에서 결론적으로 선언합니다.

"그런즉 자랑할 데가 어디뇨 있을 수가 없느니라 무슨 법으로냐 행위로냐 아니라 오직 믿음의 법으로니라 그러므로 사람이 의롭다 하심을 얻는 것은 율법의 행위에 있지 않고 믿음으로 되는 줄 우리가 인정하노라."

영어 성경에 더 분명히 뜻이 드러나 보입니다.

"Therefore we conclude that a man is justified by faith apart from the deeds of the law."

그렇습니다. 예수를 믿는 자는 구약에 있는 그 여러 가지 의식의 법을 거치지 않고 믿음만으로 의롭다함을 얻는 것입니다.

로마서 10:4에 말씀하십니다. "그리스도는 모든 믿는 자에게 의를 이루기 위하여 율법의 마침이 되시니라."

바로 이것이 개신교회의 기초적인 교리라고 할 수 있는 이신득의(Justification by faith)의 교리입니다.

이 이치에 대한 이해를 돕기 위해 이야기 하나를 하겠습니다.

서울에서 1986년에 아시안 게임이, 그리고 1988년에 올림픽 게임이 있었습니다. 저는 당시 한국스포츠선교회를 조직하고 선수촌에서 전도사역을 하였습니다. 선수촌에서 매일 선수들을 위하여 예배를 드렸습니다.

어느 날 금메달리스트인 탁구선수 양영자 양이 나를 찾아왔습니다. 그는 신앙이 좋은 젊은이로 선수촌에서 예배도 성실히 참석하고 가끔 근처에 있는 교회 새벽기도회도 참석하는 신자였습니다. 알고 보니까 그는 내가 그 당시 봉직하고 있던 명지대학교의 학생이었습니다. 나는 명지대학교의 교목실장 겸 인문사회 대학장이었습니다. 그런데 양영자 양은 나 때문에 대학교 졸업을 못하게 되었다고 말하는 것이었습니다.

명지대학교에서는 학생들이 채플에 참석을 하여 교목실의 인정을 받아야 졸업을 하게 되어 있습니다. 교목실에서는 학생들이 채플에 들어갈 때 용지를 나누어주는데 그 용지에 그 날의 설교자의 이름과 설교내용을 간략하게 적어 제출하면 교목실에서 그것을 근거로 그 학생의 채플 참석을 체크하는 것입니다.

그런데 양영자 양은 국가대표 선수로서 운동을 하느라고 그것을 제대로 해내지 못했다는 것입니다. 그 사정을 들으며, 신앙이 좋은 국가대표 선수가 그것 때문에 졸업을 못하게 된다고 생각하니 내 맘이 편치가 않았습니다. 그렇다고 그냥 덮어놓고 그에게 합격점을 줄 수도 없는 것이었습니다. 그래서 나는 그에게 며칠 후에 나를 찾아오라고 했습니다.

며칠 후에 그가 왔습니다. 나는 그에게 한 용지를 주면서 그 용지에 그동안 여러 교회에 참석하여 예배드린 것을 적고 해당 목사님의 도장을 받아 오라고 했습니다. 이는 교수로서 그에게 주는 새로운 과제였습니다. 그리함으로 나는 교무회의에서 당당하게 이 학생의 문제를 이렇게 처리했다고 말할 수 있는 것이었으며, 또한 양영자 양은 채플참석이라는 과정에 합격할 수 있는 기회를 얻은 것입니다. 그러나 분명 양영자 양은 내가 해가지고 오라고 한 새 과제를 해 와야 합니다.

얼마 후 양영자 양이 목사님들의 도장을 받아가지고 왔습니다. 나는 이제 되었다고 말하였습니다. 그랬더니 그녀는 다른 학생들이 적어낸 것들을 카피해서 제출할까 하고 물었습니다. 나는 그럴 필요가 없다고 했습니다. 이번에 새로운 과제를 해 왔기 때문에 이제 그런 모든 과제물을 다 제출한 것으로 동등하게 인정한다고 하면서 그 일을 매듭지었습니다.

바로 이와 같이, 하나님께서는 율법 외에 또 하나의 새 언약을 주셨습니다. 그렇게 하심으로 하나님 자신도 의로우시며 또한 믿는 자도 의롭게 하신 것입니다(롬 3:26). 또한 그리스도는 모든 믿는 자에게 의를 이루기 위하여 율법의 마침이 되신 것입니다(롬 10:4).

여러분, 이처럼 하나님께서 은혜로 십자가를 새 언약의 표로 삼으셨기에 우리는 십자가에서 우리 죄를 위하여 돌아가신 예수님을 믿음으로 구원을 받는 것입니다.

그러나 꼭 기억하세요. 예수 그리스도 안에 있는 구속, 곧 구원은 무조건적인 것이 아닙니다. 죄를 깨닫고 믿는 자에게 효험이 되는 것입니다.

그러기에 구원은 그 누구나 받을 수 있는 복음입니다. 그런데도 안타까운 것은 많은 사람이 이를 믿지 못한다는 것입니다.

일본의 신학자 우치무라 간조(內村鑑三)가 쓴 『구안록』이라는 책이 있습니다. 그 책에서 저자는 자신이 한 사람의 젊은이로서 어떻게 하면 하나님 앞에서 의롭다고 인정을 받을까 하고 고심하며 노력한 것에 대하여 간증하고 있습니다. 그러한 고민으로 인해 그는 철학을 공부했습니다. 자선 사업도 했습니다. 처음에는 생의 보람을 느끼는 듯하였으나 결국에는 이루지를 못했습니다. 또한 그는 혹 신학을 공부하면 평안과 보람을 느끼게 될까 하여 신학공부를 하였습니다. 그러나 이 역시 그에게 평안을 가져다주지 못했습니다.

그런데 그는 이 책 후반에서 10여 년 동안 추구하던 그 평안과 보람을 마침내 찾았노라고 고백합니다. 어떻게 그것을 찾았던 것일까요? 그는 십자가에 돌아가신 예수님을 자신의 구주로 믿음으로써 그 답을 얻었다고 말합니다. 그러면 신학까지 공부한 그가 전에는 그러한 사실을 몰랐던 것일까요? 아닙니다. 그는 알고 있었다고 합니다. 그런데 왜 그때에야 비로소 믿게 되었을까 하는 의문에 대하여, 그는 문명인의 병 때문에 그랬다고 고백합니다. 소위 문명인이라는 사람들은 무엇인가 철학적으로 복잡하게 말하는 데에 진리가 있는 양 생각하고, 단순하고 쉬운 데에는 진리가 없는 것처럼 생각을 하기 때문에 그렇다는 것입니다. 이는 나의 경험에 있어서도 동일하였습니다.

여러분, 문명인의 병을 버리고, 믿음으로 하나님께서 은혜로 주시는 구원을 받아들이시기를 기원합니다. 하나님은 그 누구든지 모두 구원받기를 원하시기에, 예수님으로 하여금 우리 죄를 대신하여 십자가에서 죽어 화목제물 되게 하시고(요일 2:1-2), 그저 그를 믿은 자를 구원하시기로 작정하신 것입니다.

그러면 이 믿음은 어떤 믿음입니까? 이는 지적 동의 이상입니다. 이는 신뢰(trust)요, 모험적 결단입니다. 믿음은 하나님을 신뢰하는 것입니다. 예를 들어, 남편의 사랑을 받는 것은, 사랑하고 있는 남편을 신뢰함으로써 가능한 것 아니겠습니까? 신뢰하지 않으면 그 사랑은 받아들여지지 않습니다. 그러므로 여러분은 그리스도 예수 안에서 여러분을 그토록 사랑하시어 부르시는 하나님을 신뢰하며 예수를 믿음으로 구원을 받으시기를 바랍니다.

믿는다고 하면서도, 자기의 죄가 너무 크기 때문에 믿는 순간 그 크고 많은 죄가 단번에 용서될 수 있을까 의심하는 분이 있습니까? 하나님의 사랑과 능력은 그보다 크고 넓기에 단번에 용서하십니다.

누가복음 15장에 있는 탕자의 비유를 보십시오. 둘째 아들이 먼 나라에 가서 아버지의 살림을 창기와 함께 탕진하여 죄를 지었지만, 그가 뉘우치고 돌아올 때 아버지는 과거의 모든 죄를 용서하고 받아 주셨습니다.

옛 이야기 하나가 생각납니다. 무거운 짐을 진 한 농부가 새로 생긴 건물에 들어왔습니다. 엘리베이터에 올라탄 그는, 자신의 무거운 짐 때문에 이 엘리베이터가 자신이 용무를 보러 가야 하는 12층까지 도대체 올라갈 수가 있을까 걱정을 하였습니다. 그러자 옆에 있던 한 신사가 설명을 했습니다. "버튼을 누르면 무거운 짐을 지고 있더라도 올라갈 수가 있습니다." 발전소에서 석탄을 때서 비축된 전력에 연결되어 있는 버튼이기 때문에 그것만 누르면 된다는 설명이었습니다. 그저 버튼만 누르면 올라간다는 것이 그 농부에게는 신기한 이야기로 들렸습니다.

이와 같이 우리의 구원은 하나님께서 예수 그리스도의 죽음과 부활을 통해 다 마련하신 것이기에 우리는 믿기만 하면 무거운 죄까지도 용서를 받습니다. 여러분 모두 의심을 버리고, 하나님이 마련한 그리스도 안에 있는 구속을 믿음으로 받아들이시기를 바랍니다. 죄를 회개한 자를 향하여 주님은 말씀하십니다.

"나 곧 나는 나를 위하여 네 허물을 도말하는 자니 네 죄를 기억지 아니하리라"(사 43:25). "만일 우리가 우리 죄를 자백하면 저는 미쁘시고 의로우사 우리 죄를 사하시며 모든 불의에서 우리를 깨끗케 하실 것이요"(요일 1:9).

성경은 다시 증언합니다. "네가 만일 네 입으로 예수를 주로 시인하며 또 하나님께서 그를 죽은 자 가운데서 살리신 것을 네 마음에 믿으면 구원을 얻으리니 사람이 마음으로 믿어 의에 이르고 입으로 시인하여 구원에 이르느니라 …누구든지 주의 이름을 부르는 자는 구원을 얻으리라"(롬 10:9-10, 13). 아멘!

혹 믿었다가도 그 믿음을 의심하며 고민하는 경우가 있습니까? 성경은 "복음에는 하나님의 의가 나타나서 믿음으로 믿음에 이르게 하나니 기록된 바 오직 의인은 믿음으로 말미암아 살리라"(롬 1:17)고 하십니다.

미국의 유명한 부흥사 무디 목사님과 관계된 이야기 한 토막이 생각납니다. 한 번은 어떤 농촌에 사는 할머니가 무디 목사를 찾아와서, 자기의 어려운 사정을 말하면서 100불을 도와달라고 간청하였습니다. 그리하여 무디 목사님이 100불짜리 수표를 주었습니다. 그 할머니는 그 수표를 손에 쥐고 얼마나 감격하였는지 모릅니다. 감사하다고 인사를 하고, 그 수표를 손에 쥐고 돌아갔습니다. 그런데 이 할머니는 무식한 할머니라 수표를 본 적이 없었습니다. 그래서 한 참 가다가 수표를 보고는 '이것이 무엇이야?' 하면서 낙심합니다. 그 수표(종이)가 혹시 아무것도 아닌 것이 아닌가 하는 의심이 생긴 것입니다. 비자발적인 의심입니다. 그러나 그 때 그 할머니는 자기가 신뢰하는 무디 목사님의 말씀을 회상하며, 그 의심을 물리치며 마음의 안정을 찾았다는 것입니다.

그렇습니다. 우리는 가끔 비자발적으로 일어나는 의심을 물리치고 하나님의 말씀에 굳게 서서 믿음에서 믿음으로 걸어가야 하는 것입니다.

나아가, 하나님의 사랑에 대한 이야기와 그것을 체험한 이야기들을 거듭하여 듣고 접하는 상황 속에서 살아야 합니다. 가정에서 아버지와 어머니가 사랑을 돈독히 나누는 모습을 보며 그 속에서 그 분들의 사랑의 말을 듣고 자란 자녀가 사랑에 대하여 이해하듯이, 성도는 믿음의 공동체인 교회 안에서 생활하여야 합니다. 믿음은 신앙의 공동체에서 성장하는 것입니다. 따라서 교회 생활을 잘 해야 합니다.

마지막으로, 중요한 것은 결단과 행동입니다. 믿음은 결국 결단함으로 믿어지는 것입니다. 영어에 다음과 같은 말이 있습니다.

"Faith in God is only possible when we live by faith. Like a child becomes to have a faith and assurance of love of her mother only when she risks to accept her mother."

하나님을 믿는다는 것은 우리가 믿음으로 살 때만이 가능한 것입니다. 이는 어린아이가 자기 어머니를 모험적으로 받아들일 때만이 자기 엄마에 대한 믿음과 엄마의 사랑에 대한 확신을 갖게 되는 것과도 같습니다.

믿음으로 구주 예수 그리스도를 받아들이시기를 바랍니다. 다시 한 번 로마서 10:9-10, 13의 말씀에 귀를 기울이시기를 바랍니다.

"네가 만일 네 입으로 예수를 주로 시인하며, 또 하나님께서 그를 죽은 자 가운데서 살리신 것을 네 마음에 믿으면 구원을 얻으리니 사람이 마음으로 믿어 의에 이르고 입으로 시인하여 구원에 이르느니라."

"누구든지 주의 이름을 부르는 자는 구원을 얻으리라."

아멘.

쉽게 풀어 쓴 십계명

2006년 6월 30일 초판 발행

지은이 • 조종남
발행인 • 김수곤
등록일 • 2001년 7월 31일 / 제 22-657호
발행처 • 선교햇불
등록주소 • 서울시 송파구 삼전동 103번지
총　판 • 선교햇불
　　　　　전　화 : 02)2203-2739
　　　　　팩　스 : 02)2203-2738
　　　　　이메일 : ccm2you@gmail.com
　　　　　홈페이지 : www.ccm2u.com